W9-AFE-961

GIOVANNI SARTORI

Homo videns
La sociedad teledirigida

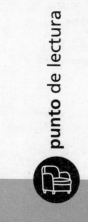

punto de lectura

HOMO VIDENS. LA SOCIEDAD TELEDIRIGIDA

Título original: *Homo videns. Televisione e post-pensiero*

© Gius, 1997. Laterza & Figli Spa, Roma-Bari.
  La edición en lengua española ha sido encontrada
  a través de la Agencia Literaria Eulama

© Traducción: Ana Díaz Soler

© Santillana Ediciones Generales, S.L.

punto de lectura

© De esta edición:
  D. R. © Suma de Letras, S.A. de C.V., 2006
  Av. Universidad núm. 767, col. del Valle
  C.P. 03100, México, D.F. Teléfono 5420-75-30
  www.puntodelectura.com.mx

Primera edición: septiembre de 2005
Primera reimpresión: enero de 2006

ISBN: 968-19-1551-8

D. R. © Diseño de cubierta: Sdl_b
D. R. © Imagen de cubierta: Corbis/Cover

Impreso en México

Todos los derechos reservados. Esta publicación no puede ser reproducida, ni en todo ni en parte, ni registrada en o transmitida por un sistema de recuperación de información, en ninguna forma ni por ningún medio, sea mecánico, fotoquímico, electrónico, magnético, electroóptico, por fotocopia, o cualquier otro, sin el permiso previo por escrito de la editorial.

GIOVANNI SARTORI

Homo videns
La sociedad teledirigida

Traducción de Ana Díaz Soler

Índice

¿Y la democracia?

Apéndice

A Ilaria que lee

Prefacio

«¿Por qué no le dais a la gente libros sobre Dios?». Por la misma razón por la que no le damos *Otelo;* son viejos; tratan sobre el Dios de hace cien años, no sobre el Dios de hoy. «Pero Dios no cambia.» Los hombres, sin embargo, sí.

ALDOUS HUXLEY, *Un mundo feliz*

Nos encontramos en plena y rapídisima revolución multimedia. Un proceso que tiene numerosas ramificaciones (Internet, ordenadores personales, ciberespacio) y que, sin embargo, se caracteriza por un común denominador: *tele-ver*, y, como consecuencia, nuestro *vídeo-vivir*. En este libro centraremos nuestra atención en la televisión, y la tesis de fondo es que el vídeo está transformando al *homo sapiens*, producto de la cultura escrita, en un *homo videns* para el cual la palabra está destronada por la imagen. Todo acaba siendo visualizado. Pero ¿qué sucede con lo no visualizable (que es la mayor parte)? Así, mientras nos preocupamos de quién controla los medios de comunicación, no nos percatamos de que es el instrumento en sí mismo y por sí mismo lo que se nos ha escapado de las manos.

Lamentamos el hecho de que la televisión estimule la violencia, y también de que informe poco y mal, o bien de que sea culturalmente regresiva (como ha escrito Habermas). Esto es

13

verdad. Pero es aún más cierto y aún más importante entender que el acto de *tele-ver* está cambiando la naturaleza del hombre. Esto es el *porro unum*, lo esencial, que hasta hoy día ha pasado inadvertido a nuestra atención. Y, sin embargo, es bastante evidente que el mundo en el que vivimos se apoya sobre los frágiles hombros del «vídeo-niño»: un novísimo ejemplar de ser humano educado en el *tele-ver* —delante de un televisor— incluso antes de saber leer y escribir.

En la primera parte de este libro me ocupo y preocupo de la *primacía de la imagen*, es decir, de la preponderancia de lo visible sobre lo inteligible, lo cual nos lleva a un ver sin entender. Y es ésta la premisa fundamental con la cual examino sucesivamente la *vídeo-política*, y el poder político de la televisión. Pero a lo largo de este recorrido mi atención se concentra en la *paideía*, en el crecimiento del vídeo-niño, en los procesos formadores de la opinión pública y en cuanto saber pasa, y no pasa, a través de los canales de la comunicación de masas. El más cáustico en esta cuestión es Baudrillard: «La información, en lugar de transformar la masa en energía, produce todavía más masa». Es cierto que la televisión, a diferencia de los instrumentos de comunicación que la han precedido (hasta la radio), destruye más saber y más entendimiento del que transmite.

Quede, pues, claro: ataco al *homo videns*, pero no me hago ilusiones. No pretendo frenar la edad multimedia. Sé perfectamente que en un periodo de tiempo no demasiado largo una mayoría de la población de los países opulentos tendrá en casa, además de la televisión, un mini-ordenador conectado a Internet. Este desarrollo es inevitable y, en último extremo, útil; pero es útil siempre que no desemboquemos en la *vida inútil*, en un modo de vivir que consista sólo en matar el tiempo. Así pues, no pretendo detener lo inevitable. Sin embargo, espero poder asustar lo suficiente a los padres sobre lo que podría sucederle a su vídeo-niño, para que así lleguen a ser padres más responsables. Espero que la escuela abandone la mala pedagogía y la degradación en la que ha caído. Y, por tanto, tengo fe en una escuela apta para oponerse a ese *postpensamiento* que ella misma está ayudando a crear. Tengo la esperanza de que los periódicos sean mejores y, a la postre, que la televisión también lo sea. Y además, aunque la mía fuera una batalla perdida de antemano, no me importa. Como decía Guillermo d'Orange, «point n'est besoin d'espérer pour entreprendre, ni de réussir pour persévérer», no es necesario esperar para emprender, ni lograr para perseverar.

Prefacio a la segunda edición italiana

En esta nueva edición he profundizado aún más en el punto central de mi discurso: el hecho de que la televisión modifica radicalmente y empobrece el aparato cognoscitivo del *homo sapiens*. Los críticos han contrapuesto a esta tesis de fondo un *fin de non récevoir*, es decir, que no era original, que era algo «ya visto». ¿De verdad? ¿Dónde? Siempre es cómodo encontrar autores y citas que apoyen nuestras teorías. A la espera de ello, la cuestión es si mi tesis es errónea. Sea original o no, ¿es verdadero o falso que el hombre vídeo-formado se ha convertido en alguien incapaz de comprender abstracciones, de entender conceptos?

Es lógico que se me acuse también de ser apocalíptico, pero ésta es una crítica de rigor que no me impresiona. Si las cosas van mal, digo sin demasiado «salomonismo» que van mal; tal vez exagero un poco, pero es porque la mía quiere ser una profecía que se autodestruye, lo suficientemente pesimista como para asustar e inducir a la cautela. Y el hecho de que la primera edición de este pequeño libro se haya agotado enseguida, me incita a esperar. Quizá significa que ha saltado la alarma y que el problema se ha hecho sentir.

Nueva York, enero de 1998.

Prefacio a la nueva edición italiana

En esta edición de 1999, el texto de 1998 (segunda edición) no ha sufrido variaciones. Es justo que el libro conserve su versión original. He preferido, así pues, ampliar y profundizar mi discurso con un apéndice. Resulta que el libro ha recibido mucha atención, y su traducción al español me ha hecho pasear por Madrid y por América Latina durante casi un mes. De ese mes de incesantes presentaciones y debates he sacado nuevos estímulos y nuevas ideas. Mas, quede claro, *Homo videns* es un texto construido, como se dice hoy, sobre una tesis «fuerte»: y no es que las nuevas ideas elaboradas en el apéndice la atenúen. Es más, si acaso la refuerzan. Porque estoy más convencido que nunca de la tesis de que nos encontramos en un momento de mutación genética.

G. S.

Florencia, abril de 1999.

Homo videns

La primacía de la imagen

1

HOMO SAPIENS

Homo sapiens: de este modo clasificaba Línneo a la especie humana en su *Sistema de la Naturaleza*, de 1758. Fisiológicamente, el *homo sapiens* no posee nada que lo haga único entre los primates (el género al que pertenece la especie de la raza humana). Lo que hace único al *homo sapiens* es su capacidad simbólica; lo que indujo a Ernst Cassirer a definir al hombre como un «animal simbólico». Cassirer lo explica así:

El hombre no vive en un universo puramente físico sino en un universo simbólico. Lengua, mito, arte y religión [...] son los diversos hilos que componen el tejido simbólico [...]. Cualquier progreso humano en el campo del pensamiento y de la experiencia refuerza este tejido [...]. La definición del hombre como *animal racional* no ha perdido nada de su valor [...] pero es fácil observar que esta definición es una parte del total. Porque al lado del lenguaje conceptual hay un lenguaje del sentimiento, al lado del lenguaje lógico o científico está el lenguaje de la imaginación poética. Al principio, el lenguaje no expresa pensamientos o ideas, sino sentimientos y afectos. (1948, págs. 47-49)

Así pues, la expresión *animal symbolicum* comprende todas las formas de la vida cultural del hombre. Y la capacidad simbólica de los seres humanos se despliega en el lenguaje, en la capacidad de comunicar mediante una articulación de sonidos y signos «significantes», provistos de significado. Actualmente, hablamos de lenguajes en plural, por tanto, de lenguajes cuyo significante no es la palabra: por ejemplo, el lenguaje del cine, de las artes figurativas, de las emociones, etcétera. Pero éstas son acepciones metafóricas. Pues el lenguaje esencial que de verdad caracteriza e instituye al hombre como animal simbólico es «lenguaje-palabra», el lenguaje de nuestra habla. Digamos, por tanto, que el hombre es un animal parlante, un *animal loquax* «que continuamente está hablando consigo mismo» (Cassirer, 1948, pág. 47) y que ésta es la característica que lo distingue radicalmente de cualquier especie de ser viviente[1].

[1] Gehlen (1990, págs. 91-92) indica una discontinuidad

A esto se podría replicar que los animales también comunican con un lenguaje propio. Sí, pero no del todo. El llamado lenguaje animal transmite señales. Y la diferencia fundamental es que el hombre posee un lenguaje capaz de hablar de sí mismo. El hombre reflexiona sobre lo que dice. Y no sólo el comunicar, sino también el pensar y el conocer que caracterizan al hombre como animal simbólico se construyen *en* lenguaje y *con* el lenguaje. El lenguaje no es sólo un instrumento del comunicar, sino también del pensar[2]. Y el pensar no necesita del ver. Un ciego está obstaculizado, en su pensar, por el hecho de que no puede leer y, por tanto, tiene un menor soporte del saber escrito, pero no por el hecho de

diferente entre el hombre y el animal: «el animal [...] no ve lo que no debe llegar a la percepción como algo vitalmente importante, como es el caso de señales que indican que están ante un enemigo, una presa, el otro sexo [...]. El hombre, en cambio, está expuesto a una *invasión de excitaciones*, a una riqueza de lo "perceptible"». Esto es verdad, pero a mí me parece que la óptica simbólico-lingüística de Cassirer es mucho más importante que la óptica antropológico-cultural de Gehlen. Hay que aclarar que se trata de puntos de vista complementarios.

[2] Es una tesis que desarrollo en *La política* (1979), especialmente en las págs. 23-26, donde afirmo que pensar es «onomatología», *logos* construido en palabras y mediante palabras.

que no ve las cosas en las que piensa. A decir verdad, las cosas en las que pensamos no las ve ni siquiera el que puede ver: no son «visibles».

Las civilizaciones se desarrollan con la escritura, y es el tránsito de la comunicación oral a la palabra escrita lo que desarrolla una civilización (*cfr.* Havelock, 1973). Pero hasta la invención de la imprenta, la cultura de toda sociedad se fundamenta principalmente en la transmisión oral. Hasta que los textos escritos son reproducidos a mano por amanuenses, no se podrá hablar aún del «hombre que lee». Leer, y tener algo que leer, fue hasta finales del siglo XV un privilegio de poquísimos doctos. El *homo sapiens* que multiplica el propio saber es, pues, el llamado hombre de Gutenberg. Es cierto que la Biblia impresa por Gutenberg entre 1452 y 1455 tuvo una tirada (que para nosotros hoy es risible) de 200 copias. Pero aquellas 200 copias se podían reimprimir. Se había producido el salto tecnológico. Así pues, es con Gutenberg con quien la transmisión escrita de la cultura se convierte en algo potencialmente accesible a todos.

El progreso de la reproducción impresa fue lento pero constante, y culmina —entre los siglos XVIII y XIX— con la llegada del periódico que se imprime todos los días, el «diario»[3]. Al mismo

[3] Obsérvese que también el periódico se componía manual-

tiempo, desde mediados del XIX en adelante comienza un nuevo y diferente ciclo de avances tecnológicos. En primer lugar, la invención del telégrafo, después la del teléfono (de Alexander Graham Bell). Con estos dos inventos desaparecía la distancia y empezaba la era de las comunicaciones inmediatas. La radio, que también eliminaba distancias, añade un nuevo elemento: una voz fácil de difundir en todas las casas. La radio es el primer gran difusor de comunicaciones; pero un difusor que no menoscaba la naturaleza simbólica del hombre. Ya que, como la radio «habla», difunde siempre cosas dichas con palabras. De modo que libros, periódicos, teléfono, radio son todos ellos —en concordancia— elementos portadores de comunicación lingüística.

La ruptura se produce a mediados de nuestro siglo, con la llegada del televisor y de la televisión[4].

---

mente hasta la invención de la linotipia (que fundía los caracteres en plomo líquido) que no se produjo hasta 1884, y que permitía componer 6.000 caracteres por hora (frente a los 1.400 de la composición a mano).

[4] Utilizo «televisión» y «televisor», indistintamente, para indicar que la relación entre el televisor-máquina y el televidente es estrechísima. El televisor, por así decirlo, entra dentro del televidente y lo plasma.

La televisión —como su propio nombre indica— es «ver desde lejos» *(tele)*, es decir, llevar ante los ojos de un público de espectadores cosas que puedan ver en cualquier sitio, desde cualquier lugar y distancia. Y en la televisión el hecho de *ver* prevalece sobre el hecho de hablar, en el sentido de que la voz del medio, o de un hablante, es secundaria, está en función de la *imagen*, comenta la imagen. Y, como consecuencia, el telespectador es más un animal *vidente* que un animal simbólico. Para él las cosas representadas en imágenes cuentan y pesan más que las cosas dichas con palabras. Y esto es un cambio radical de dirección, porque mientras que la capacidad simbólica distancia al *homo sapiens* del animal, el hecho de ver lo acerca a sus capacidades ancestrales, al género al que pertenece la especie del *homo sapiens*.

2

El progreso tecnológico

Todo progreso tecnológico, en el momento de su aparición, ha sido temido e incluso rechazado. Y sabemos que cualquier innovación molesta porque cambia los órdenes constituidos. Pero no podemos, ni debemos generalizar. El invento más protestado fue, históricamente, el de la máquina, la máquina industrial. La aparición de la máquina provocó un miedo profundo porque, según se decía, sustituía al hombre. Durante dos siglos esto no ha sido cierto. Pero era verdad entonces, y sigue siéndolo ahora, que el coste humano de la primera revolución industrial fue terrible. Aunque la máquina era imparable, y a pesar de todos los inmensos beneficios que ha producido, aún hoy las críticas a la civilización de la máquina se relacionan con verdaderos problemas.

En comparación con la revolución industrial, la invención de la imprenta y el progreso de las comunicaciones no han encontrado hostilidades relevantes; por el contrario, siempre se han aplaudido y casi siempre han gozado de eufóricas previsiones[5]. Cuando apareció el periódico, el telégrafo, el teléfono y la radio (dejo en suspenso el caso de la televisión) la mayoría les dio la bienvenida como «progresos» favorables para la difusión de información, ideas y cultura[6].

En este contexto, las objeciones y los temores no han atacado a los instrumentos, sino a su contenido. El caso emblemático de esta resistencia —repito, no contra la comunicación sino

[5] Entre las escasas voces contrarias, recuerdo a Squarciafico, un literato, que se oponía a la cantidad de libros que se podían hacer con la imprenta porque debilitaba la memoria y la mente. En aquel momento, esta objeción no tuvo fuerza alguna. Pero hoy está adquiriendo la forma de una verdad.

[6] Hubo algunas reservas sobre los periódicos. Y no sin razón, ya que a finales del siglo XVIII y durante el XIX numerosos periódicos eran realmente simples «papeluchos». Cuando Thomas Jefferson finalizó su experiencia como presidente de Estados Unidos, le escribió estas palabras a un amigo: «No podemos creer nada de lo que se lee en un periódico. La misma noción de verdad resulta sospechosa cuando está inmersa en ese transmisor de polución». También hoy los llamados *tabloides* no contienen información alguna digna de ese nombre.

contra lo que se comunicaba— fue el caso de la *Gran Enciclopedia*.

La *Encyclopédie* de Diderot (cuyo primer tomo apareció en 1751) fue prohibida e incluida en el Índice en 1759, con el argumento de que escondía una conspiración para destruir la religión y debilitar la autoridad del Estado. El papa Clemente XII llegó a decretar que todos los católicos que poseyeran ejemplares debían dárselos a un sacerdote para que los quemara, so pena de excomunión. Pero a pesar de esta excomunión y del gran tamaño y el coste de la obra (28 volúmenes *in folio*, realizados aún a mano), se imprimieron, entre 1751 y 1789, cerca de 24.000 copias de la *Encyclopédie*, un número realmente colosal para la época. El progreso de los ilustrados fue incontenible. Y si no debemos confundir nunca el instrumento con sus mensajes, los medios de comunicación con los contenidos que comunican, el nexo es éste: sin el instrumento de la imprenta nos hubiéramos quedado sin *Encyclopédie* y, por tanto, sin Ilustración.

Volvamos a la instrumentalización. Incluso cuando un progreso tecnológico no suscita temores importantes, todo invento da lugar a previsiones sobre sus efectos, sobre las consecuencias que producirá. No es cierto que la tecnología de las comunicaciones haya suscitado previsiones catastróficas (más bien ha sucedido lo contrario); pero es verdad que con frecuencia, nuestras previsiones no han sido muy acertadas en este sentido: pues lo que ha sucedido no estaba previsto. Tomemos el caso de la invención del telégrafo. El problema que nadie advirtió a tiempo era que el telégrafo atribuía un formidable monopolio sobre las informaciones a quien instalaba primero los cables. De hecho, en Estados Unidos, la Western Union (monopolio del servicio telegráfico) y la Associated Press (la primera agencia de noticias) se convirtieron enseguida en aliados naturales; y esta alianza prefabricaba, por así decirlo, los periódicos, porque era la Associated Press la que establecía cuáles eran las noticias que había que dar, y era la Western Union la que hacía llegar el noticiario a una velocidad increíble. De modo diligente e inesperado este problema se resolvió *eo ipso* por el teléfono: un cable más que, sin embargo, permitía a cada usuario comunicar lo que quería.

También la radio ha tenido efectos secundarios no previstos: por ejemplo, la «musicalización» de nuestra vida cotidiana (además del gran lanzamiento de deportes que podían ser «narrados», como el fútbol). ¿Y la televisión? Hemos llegado al punto importante.

Hasta la llegada de la televisión a mediados de nuestro siglo, la acción de «ver» del hombre se había desarrollado en dos direcciones: sabíamos engrandecer lo más pequeño (con el microscopio), y sabíamos ver a lo lejos (con el binóculo y aún más con el telescopio). Pero la televisión nos permite *verlo todo* sin tener que movernos: lo visible nos llega a casa, prácticamente gratis, desde cualquier lugar. Sin embargo no era suficiente. En pocas décadas el progreso tecnológico nos ha sumergido en la edad cibernética[7], desbancando —según dicen— a la televisión. En efecto hemos pasado, o estamos pasando, a una edad «multimedia» en la cual, como su nombre indica, los medios de comunicación son numerosos y la televisión ha dejado de ser la reina de esta multimedialidad[8]. El

---

[7] El término cibernética fue acuñado por Norbert Wiener para denominar el «control y la comunicación en el animal y en la máquina» (es el título de su libro de 1948). Esencialmente, la cibernética de Wiener trata de los «mensajes de órdenes» que el hombre da a la máquina, pero también los que la máquina da a la máquina y los que ésta le devuelve al hombre. El significado etimológico de cibernética es «arte del piloto»; pero los pilotos en cuestión son ahora los circuitos de órdenes y de control en las máquinas electrónicas.

[8] Por multimedialidad se entiende conceptualmente la unificación en un solo medio de la palabra escrita y hablada, además del sonido y la imagen.

nuevo soberano es ahora el ordenador. Porque el ordenador (y con él la digitalización de todos los medios) no sólo unifica la palabra, el sonido y las imágenes, sino que además introduce en los «visibles» realidades simuladas, realidades virtuales.

Pero no acumulemos demasiadas cosas. La diferencia en la que debemos detenernos es que los medios visibles en cuestión son dos, y que son muy diferentes. La televisión nos muestra imágenes de *cosas reales*, es fotografía y cinematografía de lo que existe. Por el contrario, el ordenador cibernético (para condensar la idea en dos palabras) nos enseña imágenes *imaginarias*. La llamada realidad virtual es una *irrealidad* que se ha creado con la imagen y que es realidad sólo en la pantalla. Lo virtual, las simulaciones amplían desmesuradamente las posibilidades de lo real; pero no son realidades.

3

EL VÍDEO-NIÑO

Así pues, el cambio de agujas se ha producido por el hecho de informarse *viendo*. Este cambio empieza con la televisión. Por tanto, comienzo también yo por tele-ver. Sean cuales sean los desarrollos virtuales del vídeo-ver posteriores a la televisión (*vid. infra*, págs. 53 y sigs.), es la televisión la que modifica primero, y fundamentalmente, la naturaleza misma de la comunicación, pues la traslada del contexto de la palabra (impresa o radiotransmitida) al contexto de la imagen. La diferencia es radical. La palabra es un «símbolo» que se resuelve en lo que significa, en lo que nos hace entender. Y entendemos la palabra sólo si podemos, es decir, si conocemos la lengua a la que pertenece; en caso contrario, es letra muerta, un signo o un sonido cualquiera. Por el contrario, la imagen es pura y simple representación visual. La imagen se ve y eso es suficiente; y para verla basta con poseer el sentido

41

de la vista, basta con no ser ciegos. La imagen no se ve en chino, árabe o inglés; como ya he dicho, se ve y es suficiente.

Está claro, pues, que el caso de la televisión no puede ser tratado por analogía, es decir, como si la televisión fuera una prolongación y una mera ampliación de los instrumentos de comunicación que la han precedido. Con la televisión, nos aventuramos en una novedad radicalmente nueva. La televisión no es un anexo; es sobre todo una sustitución que modifica sustancialmente la relación entre entender y ver. Hasta hoy día, el mundo, los acontecimientos del mundo, se nos relataban (por escrito); actualmente se nos muestran, y el relato (su explicación) está prácticamente sólo en función de las imágenes que aparecen en la pantalla.

Si esto es verdad, podemos deducir que la televisión está produciendo una permutación, una metamorfosis, que revierte en la naturaleza misma del *homo sapiens*. La televisión no es sólo instrumento de comunicación; es también, a la vez, *paideía*[9], un instrumento «antropogenético»,

---

[9] *Paideía*, de origen griego, denomina el proceso de formación del adolescente (*pais*, *paidós*). En su ya clásico estudio Werner Jaeger (1946) extiende el significado del término a toda la formación del hombre.

un *medium* que genera un nuevo *ánthropos*, un nuevo tipo de ser humano.

Ésta es la tesis, o si se prefiere la hipótesis, en la que se centra todo el libro, y sobre la cual obviamente volveré con frecuencia. Una tesis que se fundamenta, como premisa, en el puro y simple hecho de que nuestros niños ven la televisión durante horas y horas, antes de aprender a leer y escribir [10].

Curiosamente, se ataca esta exposición porque sobre todo (según se dice) habitúa al niño a la violencia, y lo hace de adulto más violento [11].

[10] La televisión sustituye a la *baby sitter* (es ella la primera en encender la televisión) y, por tanto, el niño empieza a ver programas para adultos a los tres años. Según una reciente investigación del ISTAT (Istituto Centrale di Statistica), en Italia el 95 por ciento de los niños entre los tres y los diez años —son casi cuatro millones y medio— ven la televisión casi todos los días. Otros datos indican que los niños italianos entre los cuatro y los siete años ven la televisión durante dos horas y media al día (con un 19 por ciento que llega incluso a las cinco o seis horas cotidianas). En Estados Unidos la media asciende a tres horas al día para los niños que no van aún a la escuela y a cinco horas diarias para los muchachos entre seis y doce años.

[11] Según los cálculos de un profesor americano, si no hubiera televisión en Estados Unidos habría 10.000 asesinatos y 700.000 agresiones menos al año. El cálculo tal vez no sea de fiar, pero esta influencia es real. Sobre televisión y violencia *vid.* Salerno, 1996.

Digo curiosamente porque aquí un detalle del problema lo sustituye y esconde. El argumento de que un niño de menos de tres años no entiende lo que está viendo y, por tanto, «absorbe» con más razón la violencia como un modelo excitante y tal vez triunfador de vida adulta, seguramente es cierto, ¿pero por qué limitarlo a la violencia? Por encima de todo, la verdad es que la televisión es la primera escuela del niño (la escuela divertida que precede a la escuela aburrida); y el niño es un animal simbólico que recibe su *imprint*, su impronta educacional, en imágenes de un mundo centrado en el hecho de ver. En esta *paideía*, la predisposición a la violencia es, decía, sólo un detalle del problema. El problema es que el niño es una esponja que registra y absorbe indiscriminadamente todo lo que ve (ya que no posee aún capacidad de discriminación). Por el contrario, desde el otro punto de vista, el niño formado en la imagen se reduce a ser un hombre que *no lee*, y, por tanto, la mayoría de las veces, es un ser «reblandecido por la televisión», adicto de por vida a los videojuegos.

«Al principio fue la palabra»: así dice el Evangelio de Juan. Hoy se tendría que decir que «al principio fue la imagen». Y con la imagen que destrona a la palabra se asedia a una cultura juvenil descrita perfectamente por Alberoni (1997):

> Los jóvenes caminan en el mundo adulto de la escuela, del Estado [...] de la profesión como clandestinos. En la escuela, escuchan perezosamente lecciones [...] que enseguida olvidan. No leen periódicos [...]. Se parapetan en su habitación con carteles de sus héroes, ven sus propios espectáculos, caminan por la calle inmersos en su música. Despiertan sólo cuando se encuentran en la discoteca por la noche, que es el momento en el que, por fin, saborean la ebriedad de apiñarse unos con otros, la fortuna de existir como un único cuerpo colectivo danzante[12].

No podría describir mejor al vídeo-niño, es decir, el niño que ha crecido ante un televisor. ¿Este niño se convierte algún día en adulto? Naturalmente que sí, a la fuerza. Pero se trata siempre de un adulto sordo de por vida a los estímulos de la lectura y del saber transmitidos por la cultura escrita. Los estímulos ante los cuales responde

---

[12] El nexo entre cultura juvenil y música rock lo ha explicado con gran agudeza Allan Bloom (1987, págs. 68-81), que observa que «con el rock, el hecho de estar reunidos consiste en la ilusión de tener sensaciones comunes, el contacto físico y las fórmulas emitidas a las que se les supone un significado que supera la palabra» (pág. 75).

cuando es adulto son casi exclusivamente audio-visuales. Por tanto, el vídeo-niño no crece mucho más. A los treinta años es un adulto empobrecido, educado por el mensaje: «la cultura, qué rollazo», de Ambra Angiolini (*l'enfant prodige* que animaba las vacaciones televisivas), es, pues, un adulto marcado durante toda su vida por una atrofia cultural.

El término cultura posee dos significados. En su acepción antropológica y sociológica quiere decir que todo ser humano vive en la esfera de su cultura. Si el hombre es, como es, un animal simbólico, de ello deriva *eo ipso* que vive en un contexto coordinado de valores, creencias, conceptos y, en definitiva, de simbolizaciones que constituyen la cultura. Así pues, en esta acepción genérica también el hombre primitivo o el analfabeto poseen cultura. Y es en este sentido en el que hoy hablamos, por ejemplo, de una cultura del ocio, una cultura de la imagen y una cultura juvenil. Pero cultura es además sinónimo de «saber»: una persona culta es una persona *que sabe*, que ha hecho buenas lecturas o que, en todo caso, está bien informada. En esta acepción restringida y apreciativa, la cultura es de los «cultos», no de los ignorantes. Y éste es el sentido que nos permite hablar (sin contradicciones) de una «cultura de la incultura» y asimismo de atrofia y pobreza cultural.

Es cierto que «las sociedades siempre han sido plasmadas por la naturaleza de los medios de comunicación mediante los cuales comunican más que por el contenido de la comunicación. El alfabeto, por ejemplo, es una tecnología absorbida por el niño [...] mediante ósmosis, por llamarlo así» (McLuhan y Fiore, 1967, pág. 1). Pero no es verdad que «el alfabeto y la prensa hayan promovido un proceso de fragmentación, de especialización y de alejamiento [mientras que] la tecnología electrónica promueve la unificación y la inmersión» (*ibídem*.) Si acaso es verdad lo contrario[13]. Ni siquiera estas consideraciones pueden demostrar superioridad alguna de la cultura audio-visual sobre la cultura escrita.

El mensaje con el cual la nueva cultura se recomienda y se auto-elogia es que la cultura del libro es de unos pocos —es elitista—, mientras que la cultura audio-visual es de la mayoría. Pero el número de beneficiarios —sean minoría

[13] Sobre todo cuando se llega (*vid. infra*, págs. 53-61) a la descomposición digital (binaria) de los mensajes. Porque la digitalización es un formidable instrumento de descomposición-recomposición que realmente fragmenta todo. Para el hombre «digigeneracional» (el hombre de cultura digital) ya no existe una realidad que «se sostenga». Para él cualquier conjunto de cosas puede ser manipulado y mezclado *ad libitum*, a su gusto, de miles de formas.

o mayoría— no altera la naturaleza ni el valor de una cultura. Y si el coste de una cultura de todos es el desclasamiento en una subcultura que es además —cualitativamente— «incultura» (ignorancia cultural), entonces la operación representa solamente una pérdida. ¿Es tal vez mejor que todos seamos incultos a que haya unos pocos cultos? ¿Queremos una cultura en la que nadie sepa nada? En definitiva, si el maestro sabe más que el alumno, tenemos que matar al maestro; y el que no razona de este modo es un elitista. Esta es la lógica de quien carece de lógica.

4

PROGRESOS Y REGRESIONES

Damos por descontado que todo progreso tecnológico es, por definición, un progreso. Sí y no. Depende de qué entendamos por progreso. Por sí mismo, progresar es sólo «ir hacia delante» y esto comporta un crecimiento. Y no está claro que este aumento tenga que ser positivo. También de un tumor podemos decir que crece, y en este caso lo que aumenta es un mal, una enfermedad. En numerosos contextos, pues, la noción de progreso es neutra. Pero con respecto a la progresión de la historia, la noción de progreso es positiva. Para la Ilustración, y aún hoy para nosotros, progreso significa un crecimiento de la civilización, un avance hacia algo mejor, es decir, una mejoría. Y cuando la televisión se define como un progreso, se sobreentiende que se trata de un crecimiento «bueno».

Pero atención: aquí no estamos hablando del progreso de la televisión (de su crecimiento), sino de una televisión que produce progreso. Y una segunda advertencia: una mejora que sea sólo cuantitativa no es por sí misma una mejora; es solamente una extensión, un mayor tamaño o penetración. El progreso de una epidemia y, por tanto, su difusión, no es —por así decirlo— un progreso que ayuda al progreso. La advertencia es, pues, que un aumento cuantitativo no mejora nada si no está acompañado de un progreso sustancial. Lo que equivale a decir que un aumento cuantitativo no es un progreso cualitativo y, por tanto, un progreso en sentido positivo y apreciativo del término. Y mientras que un progreso cualitativo puede prescindir del aumento cuantitativo (es decir, quedar en el ámbito de lo poco numeroso), lo contrario no es cierto: la difusión en extensión de algo se considera progreso sólo si el contenido de esa difusión es positivo, o al menos no da pérdidas, si no está ya en pérdidas.

Una vez aclarada esta premisa, la pregunta es: ¿en qué sentido la televisión es «progresiva», en cuanto que mejora un estado de cosas ya preexistentes? Es una pregunta a la que debemos responder haciendo una distinción. La televisión beneficia y perjudica, ayuda y hace daño. No debe ser exaltada en bloque, pero tampoco puede ser condenada indiscriminadamente.

En líneas generales (lo iremos viendo detalladamente) es cierto que la televisión entretiene y divierte: el *homo ludens*, el hombre como animal que goza, que le encanta jugar, nunca ha estado tan satisfecho y gratificado en toda su historia. Pero este dato positivo concierne a la «televisión espectáculo». No obstante, si la televisión transforma todo en espectáculo, entonces la valoración cambia.

Una segunda generalización: es verdad que la televisión «estimula». En parte ya lo ha hecho la radio; pero el efecto estimulante de la televisión es dinámico y diferente. Despertar con la palabra (la radio) es algo insignificante respecto a un despertar producido por la visión de todo el mundo, lo que, en potencia, podemos ver en cualquier casa. Hasta el siglo XX, las tres cuartas partes de los seres vivos estaban aislados y adormecidos en sus pueblos (como máximo en pequeñas ciudades). Ahora a todos nosotros, casi seis mil millones de personas, nos despiertan o nos pueden despertar. Es un movimiento colosal, del cual aún no podemos sopesar el impresionante impacto. De momento, en cualquier caso, es seguro que un despertar es apertura hacia el progreso en la acepción ilustrada del término. Pero por el contrario, es también seguro que frente a estos progresos hay una regresión fundamental: el empobrecimiento de la capacidad de entender.

5

EL EMPOBRECIMIENTO
DE LA CAPACIDAD DE ENTENDER

El *homo sapiens* —volvemos a él— debe todo su saber y todo el avance de su entendimiento a su *capacidad de abstracción*. Sabemos que las palabras que articulan el lenguaje humano son símbolos que evocan también «representaciones» y, por tanto, llevan a la mente figuras, imágenes de cosas visibles y que hemos visto. Pero esto sucede sólo con los nombres propios y con las «palabras concretas» (lo digo de este modo para que la exposición sea más simple), es decir, palabras como casa, cama, mesa, carne, automóvil, gato, mujer, etcétera, nuestro vocabulario de orden práctico [14].

[14] En lógica a las palabras concretas se les llama «denotativas»: palabras que existen para cosas (observables) que denotan. El contenido significante de las palabras es, en cambio, su «connotación». La reformulación técnica de la cuestión es que todas las palabras connotan, pero que no todas las palabras denotan.

De otro modo, casi todo nuestro vocabulario cognoscitivo y teórico consiste en *palabras abstractas* que no tienen ningún correlato en cosas visibles, y cuyo significado no se puede trasladar ni traducir en imágenes. Ciudad es todavía algo que podemos «ver»; pero no nos es posible ver nación, Estado, soberanía, democracia, representación, burocracia, etcétera; son conceptos abstractos elaborados por procesos mentales de abstracción que están construidos por nuestra mente como entidades. Los conceptos de justicia, legitimidad, legalidad, libertad, igualdad, derecho (y derechos), son asimismo abstracciones «no visibles». Y aún hay más, palabras como paro, inteligencia, felicidad son también palabras abstractas. Y toda nuestra capacidad de administrar la realidad política, social y económica en la que vivimos, y a la que se somete la naturaleza del hombre, se fundamenta exclusivamente en un *pensamiento conceptual* que representa —para el ojo desnudo— entidades invisibles e inexistentes. Los llamados primitivos son tales porque —fábulas aparte— en su lenguaje destacan palabras concretas: lo cual garantiza la comunicación, pero escasa capacidad científico-cognoscitiva. Y de hecho, durante milenios los primitivos no se movieron de sus pequeñas aldeas y organizaciones tribales. Por el contrario, los pueblos se consideran avanzados porque han adquirido un lenguaje abstracto —que es además un lenguaje construido en la lógica— que permite el conocimiento analítico-científico.

Algunas palabras abstractas —algunas, no todas— son en cierto modo traducibles en imágenes, pero se trata siempre de traducciones que son sólo un sucedáneo infiel y empobrecido del concepto que intentan «visibilizar». Por ejemplo, el desempleo se traduce en la imagen del desempleado; la felicidad en la fotografía de un rostro que expresa alegría; la libertad nos remite a una persona que sale de la cárcel. Incluso podemos ilustrar la palabra igualdad mostrando dos pelotas de billar y diciendo: «he aquí objetos iguales», o bien representar la palabra inteligencia mediante la imagen de un cerebro. Sin embargo, todo ello son sólo distorsiones de esos conceptos en cuestión; y las posibles traducciones que he sugerido no traducen prácticamente nada. La imagen de un hombre sin trabajo no nos lleva a comprender en modo alguno la causa del desempleo y cómo resolverlo. De igual manera, el hecho de mostrar a un detenido que abandona la cárcel no nos explica la libertad, al igual que la figura de un pobre no nos explica la pobreza, ni la imagen de un enfermo nos hace entender qué es la enfermedad. Así pues, en síntesis, todo el saber del *homo sapiens* se desarrolla en la esfera de un *mundus intelligibilis* (de conceptos y de concepciones mentales) que no es en modo alguno el *mundus sensibilis*, el mundo percibido por nuestros sentidos. Y la cuestión es ésta: la televisión invierte la evolución de lo sensible en inteligible y lo convierte en el *ictu oculi*, en un regreso al puro y simple acto de ver. La televisión produce imágenes y anula los conceptos, y de este modo atrofia nuestra capacidad de abstracción y con ella toda nuestra capacidad de entender [15].

Para el sensismo (una doctrina epistemológica abandonada por todo el mundo, desde hace tiempo) las ideas son calcos derivados de las experiencias sensibles. Pero es al revés. La idea, escribía Kant, es «un concepto necesario de la razón al cual no puede ser dado en los sentidos ningún objeto adecuado (*kongruirender Gegenstand*)» [16]. Por tanto, lo que nosotros vemos o percibimos

[15] Gad Lerner (1997) escribe que «reconocer la llegada de la imagen televisiva modifica la capacidad de abstracción, no implica que la bloquea». Tal vez no, pero me gustaría disponer de un ejemplo concreto. ¿Cuáles son las abstracciones alternativas del saber analítico-científico que funda la civilización occidental y su tecnología?

[16] *Crítica de la razón pura, Dialéctica trascendental*, libro I, par. 2.

concretamente no produce «ideas», pero se in-siere en ideas (o conceptos) que lo encuadran y lo «significan» [17]. Y éste es el proceso que se atrofia cuando el *homo sapiens* es suplantado por el *homo videns*. En este último, el lenguaje conceptual (abstracto) es sustituido por el lenguaje perceptivo (concreto) que es infinitamente más pobre: más pobre no sólo en cuanto a palabras (al número de palabras), sino sobre todo en cuanto a la riqueza de significado, es decir, de capacidad connotativa.

[17] Sobre esta premisa ha sido elaborada sucesivamente la «psicología de la forma» *(Gestalt)* de la cual hemos aprendido —experimentalmente— que nuestras percepciones no son nunca reflejos o calcos inmediatos de lo que observamos, sino reconstrucciones mentales «enmarcadas» de lo observado.

6

CONTRA-DEDUCCIONES

La acusación es grave. Y uno de mis intentos de exponerla en toda su gravedad es ver de qué modo los acusados —sean vídeo-defensores o multimedialistas— la saben rebatir.

La respuesta ritual es que todo hallazgo tecnológico se ha topado con inquisidores que siempre se han equivocado. Pero ya hemos visto que esta respuesta es falsa[18]. ¿Quién maldijo el invento de la imprenta? ¿Quién ha condenado

---

[18] Si ha habido errores de previsión clamorosos, éstos no han sido errores en cuanto a la condena, sino en cuanto a lo factible de los hechos. Por ejemplo, Poincaré, gran físico francés, consideraba imposible en 1905 que las ondas de radio se propagaran más allá de 300 kilómetros, exactamente mientras Marconi estaba a punto de enviar su señal de radio desde Cornualles en Inglaterra hasta Terranova, en Canadá. También Herz, el descubridor de las ondas de la radio, negó durante toda su vida la posibilidad de un teléfono sin cables. Pero éstos son errores de previsión técnica, no de catastrofismo.

el telégrafo y el teléfono? La invención de la radio deslumbró a todos. Responder invocando a inexistentes satanizadores es, pues, una respuesta vacía que evade el problema propuesto.

Una segunda respuesta es que lo inevitable es aceptado. Estoy de acuerdo: la llegada de la televisión y después de la tecnología multimedia es absolutamente inevitable. Pero por el hecho de ser inevitable no debe aceptarse a ciegas. Una de las consecuencias imprevistas de la sociedad industrial ha sido la polución, la intoxicación del aire y del ambiente. Y la polución es algo inevitable que estamos combatiendo. Del mismo modo, el desarrollo de la era nuclear trajo como consecuencia la bomba atómica que puede exterminarnos a todos, y esto fue inevitable; a pesar de ello, numerosas personas están en contra de la producción de energía nuclear, y todos temen e intentan impedir el uso bélico del átomo y de la bomba de hidrógeno. El progreso tecnológico no se puede detener, pero no por ello se nos puede escapar de las manos, ni debemos darnos por vencidos negligentemente.

Una tercera respuesta —la verdaderamente seria— es que palabra e imagen no se contraponen. Contrariamente a cuanto vengo afirmando, entender mediante conceptos y entender a través de la vista se combinan en una «suma positiva», reforzándose o al menos integrándose el uno en el otro. Así pues, la tesis es que el hombre que lee y el hombre que ve, la cultura escrita y la cultura audio-visual, dan lugar a una síntesis armoniosa. A ello respondo que si fuera así, sería perfecto. La solución del problema debemos buscarla en alguna síntesis armónica. Aunque de momento los hechos desmienten, de modo palpable, que el hombre que lee y el *homo videns* se estén integrando en una suma positiva. La relación entre los dos —de hecho— es una «suma negativa» (como un juego en el cual pierden todos).

El dato de fondo es el siguiente: el hombre que lee está decayendo rápidamente, bien se trate del lector de libros como del lector de periódicos. En España como en Italia, un adulto de cada dos no lee ni siquiera un libro al año. En Estados Unidos, entre 1970 y 1993, los diarios perdieron casi una cuarta parte de sus lectores. Por más que se quiera afirmar que la culpa de este veloz descenso es la mala calidad o la equivocada adaptación de los periódicos a la competencia televisiva, esta explicación no es suficientemente aclaratoria. Nos lo aclara más profundamente el hecho de constatar que si en Estados Unidos la sesión televisiva de los núcleos familiares ha crecido de las tres horas al día en 1954 a más de siete horas diarias en 1994, quiere decir que después del trabajo no queda tiempo para nada más. Siete horas de televisión, más nueve horas de trabajo (incluyendo los trayectos), más seis o siete horas para dormir, asearse y comer, suman veinticuatro horas: la jornada está completa.

Cuentas aparte, tenemos el hecho de que la imagen no da, por sí misma, casi ninguna inteligibilidad. La imagen debe ser explicada; y la explicación que se da de ella en la televisión es insuficiente. Si en un futuro existiera una televisión que explicara mejor (mucho mejor), entonces el discurso sobre una integración positiva entre *homo sapiens* y *homo videns* se podría reanudar. Pero, por el momento, es verdad que no hay integración, sino sustracción y que, por tanto, el acto de ver está atrofiando la capacidad de entender.

Una cuarta respuesta es que —aun admitiendo que el acto de ver empobrece el entendimiento— este empobrecimiento está ampliamente compensado por la difusión del mensaje televisivo y por su accesibilidad a la mayoría. Para los triunfalistas de los nuevos medios de comunicación el saber mediante conceptos es elitista, mientras que el saber por imágenes es democrático. Pero este elogio es impúdico y tramposo, como aclararé a continuación. Y ya he explicado que un progreso que es sólo cuantitativo y que comporta una regresión cualitativa no constituye un avance en la acepción positiva del término. Por tanto, la conclusión vuelve a ser que un «conocimiento mediante imágenes» no es un saber en el sentido cognoscitivo del término y que, más que difundir el saber, erosiona los contenidos del mismo.

Una última respuesta posible es aceptar que las críticas aquí formuladas son justas para la televisión, pero que no lo son para el naciente mundo multimedia. Pasaremos a analizar esto a continuación.

7

INTERNET Y «CIBERNAVEGACIÓN»

¿Está, o estará, superada la televisión? Cuando hace apenas cincuenta años de su aparición, la televisión ya ha sido declarada obsoleta. Las nuevas fronteras son Internet y el ciberespacio, y el nuevo lema es «ser digitales». El salto es grande y la diferencia es ésta: que el televisor es un instrumento monovalente que recibe imágenes con un espectador pasivo que lo mira, mientras que el mundo multimedia es un mundo interactivo (y, por tanto, de usuarios activos) y polivalente (de múltiple utilización) cuya máquina es un ordenador que recibe y transmite mensajes digitalizados.

Entonces, ¿está superada la televisión? Si la comparación se establece entre máquinas, entonces la máquina superior es, sin duda alguna, el ordenador. Además, el ordenador es una máquina mediante la cual pensamos, y que modifica nuestro modo de pensar, lo que no significa que el hombre común se abalanzará sobre el ordenador personal abandonando el tele-ver. Así como la radio no ha sido anulada por el televisor, no hay razón para suponer que la televisión será anulada por Internet. Ya que estos instrumentos ofrecen productos diferentes, está claro que pueden estar al lado el uno del otro. No se trata, pues, de superación, sino de protagonismo.

Internet, la «red de las redes», es un prodigioso instrumento multitarea: transmite imágenes, pero también texto escrito; abre al diálogo entre los usuarios que se buscan entre ellos e interactúan; y permite una profundización prácticamente ilimitada en cualquier curiosidad (es como una biblioteca universal, conectada por diferentes mecanismos). Para orientarse entre tanta abundancia, distingamos tres posibilidades de empleo: 1) una utilización estrictamente práctica, 2) una utilización para el entretenimiento, y 3) una utilización educativo-cultural. Sobre el uso de Internet para administrar nuestros asuntos y servicios, la previsión es indudable: los chicos y chicas de hoy serán todos en el futuro «cibernautas prácticos». Las dudas aparecen en cuanto a los restantes usos.

Si Internet es entretenimiento y se utiliza como entretenimiento, entonces ya no es tan seguro que venza a la televisión. El punto débil de la televisión que conocemos es que «generaliza», en el sentido de que no proporciona productos suficientemente diferenciados «vía éter». La televisión debe ofrecer productos de masa, productos que lleguen a un público muy numeroso (y al que presenten numerosos anuncios publicitarios). Por el contrario, Internet proporciona productos a medida de diferentes intereses. Pero también la televisión se está fragmentando —por cable o vía satélite— en centenares de canales dirigidos a audiencias concretas. Al especializarse de este modo, la televisión cubrirá también nichos que resultarán competitivos con los nichos de los cibernautas[19].

Por tanto, en la medida en que Internet es una diversión, un entretenimiento, la televisión resultará vencedora entre los «perezosos» o las personas cansadas que prefieran el acto de mirar, mientras que Internet triunfará entre los «activos», los que quieran dialogar y buscar. Sin embargo, el hecho de que la cantidad de amantes de la televisión sea superior o inferior al número

[19] Ésta es la transformación del *broadcasting*, un *casting* «amplio», en el *narrowcasting*, un *casting* «estrecho». Inicialmente, fue la radio la que se defendió de la televisión con el *narrowcasting*; ahora el proceso se repite con la televisión.

de red-dependientes, me induce sólo a observar que cada uno se entretiene a su modo.

El problema es si Internet producirá o no un crecimiento cultural. En teoría debería ser así, pues el que busca conocimiento en Internet, lo encuentra. La cuestión es qué número de personas utilizarán Internet como instrumento de conocimiento. El obstáculo, durante este largo camino, es que el niño de tres o cuatro años se inicia con la televisión. Por tanto, cuando llega a Internet su interés cognoscitivo no está sensibilizado para la abstracción. Y ya que sin capacidad de abstracción no se alcanza el *mundus intelligibilis*, es muy probable que el saber almacenado en la red permanezca inutilizado durante un largo tiempo. Decía que, en teoría, Internet debería estimular el crecimiento cultural. Pero en la práctica puede suceder lo contrario, desde el momento en que el *homo videns* ya está formado cuando se enfrenta a la red. Sin duda, Internet nos puede ayudar a salir del aislamiento del *mundus sensibilis*, pero ¿cuántos lograrán esto?

En líneas generales, estoy de acuerdo con Sergio Lepri, que afirma que «Internet es un gran mar donde navegar es apasionante [...], pero un mar que, después de una pequeña travesía de algunos días, preferimos contemplarlo sin movernos del puerto» (1996, pág. 22). Como instrumento práctico, como un paseo a un mercadillo callejero o como un recorrido por nuestros más variados *hobbies*, Internet tiene un porvenir revolucionario[20]. Como instrumento cultural, de crecimiento de nuestra cultura, preveo que tiene un futuro modesto. Los verdaderos estudiosos seguirán leyendo libros[21], sirviéndose de Internet para completar datos, para las bibliografías y la información que anteriormente encontraban en los diccionarios; pero dudo que se enamoren de la red.

Observa Furio Colombo: «El Edén de la red está al otro lado de una cancela que se está abriendo [...] solamente para unos pocos [...]. Diferentes jerarquías de cerebros manejarán los ordenadores, jugarán y experimentarán con

[20] Actualmente, la megarred informática se utiliza en América durante 130 millones de horas a la semana, las mismas horas que se destinan a la televisión. Pero, precisamente, la mayor parte de este tráfico es comercial y para llevar a cabo pequeñas cuestiones de orden práctico.

[21] «No podremos prescindir de los libros», observa con gran sensatez Umberto Eco. «Si me conecto a Internet y voy al programa Gutenberg puedo hacerme con toda la obra de Shakespeare. ¿Pero por qué tendría que saturar el ordenador con una masa de bites [...] y luego esperar dos semanas para poder imprimirlo, cuando por 5 dólares [...] puedo comprar la edición de Penguin?» (1996, pág. 17).

ellos. Para los excluidos queda el juego interactivo [...] para llenar un inmenso tiempo libre» (1995, pág. 16). Y aquí debemos llamar la atención: los «pocos» de Furio Colombo no son hombres de cultura; son más bien adictos a su trabajo, los nuevos señores de los medios de comunicación y de la nueva nomenclatura del mundo de los ordenadores. Para el hombre de cultura, la salvación no consiste en traspasar la cancela que lleva al Edén de la red, sino más bien la cancela que lo protege de la avalancha de mensajes. Porque el individuo se puede asfixiar en Internet y por Internet. Disponer de demasiada oferta hace estallar la oferta; y si estamos inundados de mensajes, podemos llegar a ahogarnos en ellos.

Afirmo de nuevo que las posibilidades de Internet son infinitas, para bien y para mal. Son y serán positivas cuando el usuario utilice el instrumento para adquirir información y conocimientos, es decir, cuando se mueva por genuinos intereses intelectuales, por el deseo de saber y de entender. Pero la mayoría de los usuarios de Internet no es, y preveo que no será, de esta clase. La *paideía* del vídeo hará pasar a Internet a analfabetos culturales que rápidamente olvidarán lo poco que aprendieron en la escuela y, por tanto, analfabetos culturales que matarán su tiempo libre en Internet, en compañía de «almas gemelas» deportivas, eróticas, o de pequeños *hobbies*. Para este tipo de usuario, Internet es sobre todo un *terrific way to waste time*, un espléndido modo de perder el tiempo, invirtiéndolo en futilidades [22]. Se pensará que esto no tiene nada de malo. Es verdad, pero tampoco hay nada bueno. Y, por supuesto, no representa progreso alguno, sino todo lo contrario [23].

Pero el objetivo final no es Internet; es el «cibermundo» profetizado y promovido, más que por cualquier otro autor, por Nicholas Negroponte. En su libro *El mundo digital* (1995), el nuevo paso del progreso se resume así: en el mundo digital, el que recibe puede elaborar la

---

[22] La frase en inglés es de Clifford Stoll (1996), un astrónomo de Berkeley experto en seguridad de los ordenadores, que después de años de Internet-manía ahora declara que Internet no es otra cosa que «un tejido impalpable elaborado con nada» y un miserable sustituto de la vida física. Como es evidente, Stoll ha dejado de usar el teclado y el ratón. Esto le puede suceder a muchas personas.

[23] Arbasino (1995-1996, pág. 74) se pregunta: «¿Las inmensas *autopistas* tan celebradas en las exaltaciones de Internet, además de una gran masa de informaciones ventajosas, no transportan también una gran cantidad de necedades que no son divertidas ni útiles?». La pregunta es retórica. La inundación de estupideces es evidente, e Internet en sí misma las multiplica de un modo increíble.

información «reseteándola» como quiera, con lo que el control formal sobre el mensaje se individualiza, se hace *suyo*. Consigue, así, una «cibernavegación» —muy visual y visualizada— en las llamadas realidades virtuales, en una casi infinita descomposición y recomposición (ensamblaje) de imágenes, formas y figuras[24].

No niego que la navegación en lo virtual —que es como decir en las simulaciones— puede ser enormemente estimulante. Los que proyectan formas aerodinámicas, por ejemplo, «simulan» desde hace muchas décadas; y tal vez el evangelio de Negroponte roba la idea —difundiéndola a millones de personas— a los especialistas que han empleado técnicas de simulación desde que disponen de procesadores. Sea como fuere, para los comunes mortales la navegación cibernética es sólo una especie de vídeo-juego. Y si toman esta navegación demasiado en serio, los cibernautas «comunes» corren el riesgo de perder el sentido de la realidad, es decir, los límites entre lo verdadero y lo falso, entre lo existente y lo imaginario. Para ellos todo se convierte en trampa y manipulación y todo puede

[24] El término técnico es *morphing*: una técnica que permite transformar sin límite alguno las formas y dimensiones de cualquier objeto.

ser manipulado y falseado. Pero como las realidades virtuales son juegos que no tienen probabilidades de convertirse en realidades materiales, el negropontismo puede llegar a generar, en un extremo, un sentimiento de potencia alienado y frustrado, y en el extremo opuesto, un público de eternos niños soñadores que transcurren toda la vida en mundos imaginarios. La facilidad de la era digital representa la facilidad de la droga.

¿Terminaremos todos siendo «digigeneracionales» [25] y en el cibermundo? Espero que no. Negroponte es realmente el aprendiz de brujo del *postpensamiento*. En el mundo que él promueve y elogia, es la máquina la que lo hace todo. Él finge que no es así contándonos que el mundo multimedia-cibernético es un mundo gobernado por una «lógica circular» sin centro alguno (ya no es un mundo gobernado por una lógica lineal y de concatenación causal).

---

[25] El término es de Luis Rossetto, otro gurú de la medialidad electrónica, y es una abreviación de *digital generation*, generación digital. Una generación (como escriben Calvo-Platero y Calamandrei, 1996, pág. 58) cuyo lenguaje «consiste en "hipertexto, compresión de datos, amplitud de banda y bites"» y que se encuentra muy a gusto «en el mundo virtual, en ese mundo tridimensional creado por un ordenador en el que te mueves llevando una máscara y guantes especiales».

Suena bien, pero no significa nada. Porque «lógica circular» es sólo una metáfora, pero como lógica no existe. La lógica establece las reglas del pensamiento correcto (que si acaso son reglas de concatenación deductiva, no de concatenación causal); y la noción de centro pertenece a la lógica cuando las nociones de derecha e izquierda pertenecen a las matemáticas. Por tanto, la «circularidad» de Negroponte evoca sólo un cúmulo de disparates[26]. En uno de sus comentarios al «Infierno» de Dante, T. S. Eliot lo describía como un lugar en el cual nada se conecta con nada. Con el mismo criterio la lógica circular es un infierno (lógico).

Esperanzas aparte, mi pronóstico es que la televisión seguirá siendo el centro —en detrimento

---

[26] Ferrarotti (1997, pág. 193) explica el ciberespacio de este modo: «es un espacio que permite la máxima articulación de mensajes y de inteligencia [...] La inteligencia colectiva que se desarrolla en el ciberespacio es un proceso de crecimiento que logra ser al mismo tiempo colectivo y diferenciado, general y específico [...] es una inteligencia distribuida por todo el mundo». La cuestión está en ese «permite». Es verdad que la cibernáutica permite el «crecimiento» de una inteligencia articulada y difundida. Pero también permite el crecimiento de una difundida estupidez instalada en un magma indiferenciado. Las posibilidades son numerosas. Entre permitir y actuar está de por medio el mar. Y el concepto de lo posible (de Negroponte) que seduce a Ferrarotti a mí me parece enormemente improbable.

de la cibernavegación y de sus sirenas— y esto se fundamenta, asimismo, en la consideración de que la televisión no tiene techo. En 1992 ya existían en el mundo un millón de millones de televisores. Si excluimos a los marginados y a los que realmente se mueren de hambre, la televisión cubre, adonde llega, casi el cien por cien de las casas. En cambio, para los demás inventos, hay un techo. Internet produce saturación [27], y «ver pasivamente» es más fácil y más cómodo que el acto de «ver activamente» de las navegaciones cibernéticas. Sin contar que, como ya he explicado, la televisión nos muestra una realidad que nos atañe de verdad, mientras que el cibermundo nos enseña imágenes imaginarias. Vivir en el ciberespacio es como vivir sólo de *Star Trek* y de películas de ciencia ficción. ¿Todo el día y todos los días? Qué aburrido.

Podría ser que mi previsión sobre el centralismo de la televisón resultara equivocada [28].

---

[27] Bien entendido, la Internet que produce saturación es la del diálogo interactivo. Ya he dicho que como instrumento de trabajo, Internet es utilísima. En su utilización práctica, Internet no se traduce en saturación, sino, por el contrario, supone simplificación de los problemas de la vida cotidiana.

[28] Tengo que dejar claro que esta cuestión es válida también

Es posible, por ejemplo, que yo infravalore la importancia de una comunicación activa e interactiva[29]. Incluso si es así, los problemas que he destacado siguen siendo los mismos. Por tanto, continúa siendo verdad que hacia finales del siglo XX, el *homo sapiens* ha entrado en crisis, una crisis de pérdida de conocimiento y de capacidad de saber.

---

en cuanto a la radio. El hecho de que una televisión deficiente, o un exceso de televisión, pueda aportar grandes grupos de público a la radio (como está sucediendo en Italia) no deja sin efecto el problema de la huella que puede dejar en el proceso de formación del niño.

[29] Tal vez porque las interacciones en la red son sólo un pálido sustituto de las interacciones cara a cara, es decir, de las interacciones primarias. Intercambiarse mensajes mediante un ordenador nos deja siempre solos ante un teclado.

La opinión teledirigida

1

VÍDEO-POLÍTICA

La televisión se caracteriza por una cosa: entretiene, relaja y divierte. Como decía anteriormente, cultiva al *homo ludens*; pero la televisión invade toda nuestra vida, se afirma incluso como un demiurgo. Después de haber «formado» a los niños continúa formando, o de algún modo, influenciando a los adultos por medio de la «información». En primer lugar, les informa de noticias (más que de nociones), es decir, proporciona noticias de lo que acontece en el mundo, por lejano o cercano que sea. La mayoría de estas noticias terminan por ser deportivas, o sobre sucesos, o sobre asuntos del corazón (o lacrimógenas) o sobre diferentes catástrofes. Lo que no es óbice para que las noticias de mayor repercusión, de mayor importancia objetiva, sean las que tratan de información política, las informaciones sobre la *polis* (nuestra o ajena). Saber de política es importante aunque a muchos no les importe, porque la política condiciona toda nuestra vida y nuestra convivencia. La ciudad perversa nos encarcela, nos hace poco o nada libres; y la mala política —que obviamente incluye la política económica— nos empobrece (*cfr*: Sartori, 1993, págs. 313-316).

Así pues, el término vídeo-política (tal vez acuñado por mí[1]) hace referencia sólo a uno de los múltiples aspectos del poder del vídeo: su incidencia en los procesos políticos, y con ello una radical transformación de cómo «ser políticos» y de cómo «gestionar la política». Entendemos que la vídeo-política no caracteriza sólo a la democracia. El poder de la imagen está también a disposición de las dictaduras. Pero en el presente trabajo me ocuparé únicamente de la vídeo-política en los sistemas liberal-democráticos, es decir, en los sistemas basados en elecciones libres.

---

[1] *Cfr*: Sartori (1989). En mis escritos denomino vídeo a la superficie del televisor en la cual aparecen las imágenes. Ésta es asimismo la acepción etimológica del término: vídeo es un derivado del latín *videre*, que significa ver. La acepción técnica del término inglés es diferente: aquí *vídeo* es la película (o la cinta) en la que se graban las imágenes (como en las expresiones *videotape*, *videocassette* o similares). Pero no debemos someternos a la torpeza de quien inventa las palabras por azar; así pues, insisto en que vídeo es la superficie en la que vemos las imágenes.

La democracia ha sido definida con frecuencia como un gobierno de opinión (por ejemplo, Dicey, 1914, y Lowell, 1926) y esta definición se adapta perfectamente a la aparición de la vídeo-política. Actualmente, el pueblo soberano «opina» sobre todo en función de cómo la televisión le induce a opinar. Y en el hecho de conducir la opinión, el poder de la imagen se coloca en el centro de todos los procesos de la política contemporánea.

Para empezar, la televisión condiciona fuertemente el proceso electoral, ya sea en la elección de los candidatos[2], bien en su modo de plantear la batalla electoral, o en la forma de ayudar a vencer al vencedor. Además, la televisión condiciona, o puede condicionar, fuertemente el gobierno, es decir, las decisiones del gobierno: lo que un gobierno puede y no puede hacer, o decidir lo que va a hacer.

En esta parte del libro desarrollaré los tres temas siguientes: en primer lugar, la formación de la opinión pública y, en este sentido, la función

---

[2] Paradójicamente, la televisión es más decisiva (y distorsionadora) cuanto más democrática, es decir fiable, es la elección de candidatos, como en Estados Unidos, en las elecciones primarias (*cfr.* Orren y Polsby, eds., 1987). Pero obviamente influye también en las elecciones partitocráticas de los candidatos.

de los sondeos de opinión, a fin de llegar a una valoración de conjunto acerca del «directismo democrático». En segundo lugar, me detendré en el modo en el que el vídeo-poder incide sobre el político elegido y cómo es elegido. Por último, y en tercer lugar, trataremos de comprender en qué medida la televisión ayuda o, por el contrario, obstaculiza, a la «buena política».

2

LA FORMACIÓN DE LA OPINIÓN

Si la democracia tuviera que ser un sistema de gobierno guiado y controlado por la opinión de los gobernados, entonces la pregunta que nos deberíamos replantear es: ¿cómo nace y cómo se forma una opinión pública?

Casi siempre, o con mucha frecuencia, la opinión pública es un «dato» que se da por descontado. Existe y con eso es suficiente. Es como si las opiniones de la opinión pública fueran, como las ideas de Platón, ideas innatas.

En primer lugar, la opinión pública tiene una ubicación, debe ser colocada: es el conjunto de opiniones que se encuentra *en* el público o *en* los públicos. Pero la noción de opinión pública denomina sobre todo opiniones generalizadas *del* público, opiniones endógenas, las cuales *son* del público en el sentido de que el público es realmente el sujeto principal. Debemos añadir que una opinión se denomina pública no sólo porque es *del* público, sino también porque implica la *res publica*, la cosa pública, es decir, argumentos de naturaleza pública: los intereses generales, el bien común, los problemas colectivos.

Cabe destacar que es correcto decir «opinión». Opinión es *doxa*, no es *epistème*, no es saber y ciencia; es simplemente un «parecer», una opinión subjetiva para la cual no se requiere una prueba[3]. Las matemáticas, por ejemplo, no son una opinión. Y si lo analizamos a la inversa, una opinión no es una verdad matemática. Del mismo modo, las opiniones son convicciones frágiles y variables. Si se convierten en convicciones profundas y fuertemente enraizadas, entonces debemos llamarlas creencias (y el problema cambia).

De esta puntualización se desprende que es fácil desarmar la objeción de que la democracia es imposible porque el pueblo «no sabe». Ésta sí es una objeción contra la democracia directa, contra un *demos* que se gobierna solo y por sí

---

[3] *Cfr. contra* Habermas (1971), el cual afirma que Locke, Hume y Rousseau acuñan «opinión pública» falseando y forzando la *doxa* platónica para significar un juicio racional. La tesis no es plausible ya que todos los autores de la Ilustración conocían perfectamente el griego. Dijeron «opinión», pues, sabiendo que *doxa* era, en la tradición filosófica, el término opuesto a verdad objetiva.

mismo. Pero la democracia representativa no se caracteriza como un gobierno del saber sino como un gobierno de la opinión, que se fundamenta en un público *sentir de res publica*. Lo que equivale a decir que a la democracia representativa le es suficiente, para existir y funcionar, con el hecho de que el público tenga opiniones *suyas*; nada más, pero, atención, nada menos.

Entonces ¿cómo se constituye una opinión pública autónoma que sea verdaderamente *del* público? Está claro que esta opinión debe estar expuesta a flujos de informaciones sobre el estado de la cosa pública. Si fuera «sorda», demasiado cerrada y excesivamente preconcebida en lo que concierne a la andadura de la *res publica*, entonces no serviría. Por otra parte, cuanto más se abre y se expone una opinión pública a flujos de información exógenos (que recibe del poder político o de instrumentos de información de masas), más corre el riesgo la opinión del público de convertirse en «hetero-dirigida», como decía Riesman.

Por lo demás, cuando la opinión pública se plasmaba fundamentalmente en los periódicos, el equilibrio entre opinión autónoma y opiniones heterónomas (hetero-dirigidas) estaba garantizado por la existencia de una prensa libre y múltiple, que representaba a muchas voces. La aparición de la radio no alteró sustancialmente este equilibrio. El problema surgió con la televisión, en la medida en que el acto de ver suplantó al acto de discurrir. Cuando prevalece la comunicación lingüística, los procesos de formación de la opinión no se producen directamente de arriba a abajo; se producen «en cascadas», o mejor dicho, en una especie de sucesión de cascadas interrumpidas por lagunas en las que las opiniones se mezclan (según un modelo formulado por Deutsch, 1968). Además, en la cascada se alinean y se contraponen ebulliciones, y resistencias o viscosidades de naturaleza variada [4].

Pero la fuerza arrolladora de la imagen rompe el sistema de reequilibrios y retroacciones múltiples que habían instituido progresivamente, durante casi dos siglos, los estados de opinión difusos, y que, desde el siglo XVIII en adelante, fueron denominados «opinión pública». La televisión es explosiva porque destrona a los llamados

[4] Así, las opiniones de cada uno no tenían grupos de referencia y, por tanto, no derivan sólo de mensajes informativos sino también de identificaciones (lo que las convierte en opiniones sin información y, por tanto, poco influenciables). Existen además opiniones relacionadas con el gusto de cada uno, y ya se sabe que *de gustibus non est disputandum* (*cfr.* Berelson *et al.*, 1954).

líderes intermedios de opinión, y porque se lleva por delante la multiplicidad de «autoridades cognitivas» que establecen de forma diferente, para cada uno de nosotros, en quién debemos creer, quién es digno de crédito y quién no lo es[5]. Con la televisión, la autoridad es la visión en sí misma, es la autoridad de la imagen. No importa que la imagen pueda engañar aún más que las palabras, como veremos más adelante. Lo esencial es que el ojo cree en lo que ve; y, por tanto, la autoridad cognitiva en la que más se cree es lo que se ve. Lo que se ve parece «real», lo que implica que parece verdadero.

Decía que a la democracia representativa le basta, para funcionar, que exista una opinión pública que sea verdaderamente *del* público[6]. Pero cada vez es menos cierto, dado que la videocracia está fabricando una opinión sólidamente hetero-dirigida que aparentemente refuerza, pero que en sustancia vacía, la democracia como

[5] Para profundizar en estos puntos debo remitir a la lectura de Sartori (1995, capítulo VIII, «Opinión pública»). Concretamente sobre el modelo de Deutsch, *cfr. ivi*, págs. 183-188.

[6] La cuestión se refuerza por la noción de opinión pública «colectiva» (*cfr.* Page y Shapiro, 1993); pero tampoco esta opinión agregada se sustrae a la erosión que estoy describiendo.

gobierno de opinión. Porque la televisión se exhibe como portavoz de una opinión pública que en realidad es el *eco de regreso* de la propia voz.

Según Herstgaard: «Los sondeos de opinión reinan como soberanos. Quinientos americanos son continuamente interrogados para decirnos a nosotros, es decir, a los otros 250 millones de americanos lo que debemos pensar» [7]. Y es falso que la televisión se limite a reflejar los cambios que se están produciendo en la sociedad y en su cultura. En realidad, la televisión refleja los cambios que promueve e inspira a largo plazo.

[7] *Cit.* en Glisenti y Pesenti (1990, pág. 145).

3

EL GOBIERNO DE LOS SONDEOS

Recordaba antes que la invención del telégrafo tuvo enseguida un gemelo en la agencia de noticias «vía telégrafo». Un hilo sujeto por palos es sólo un hilo si no transmite algo; y es una mala inversión si no transmite lo suficiente. Esto mismo es válido para la televisión: también la imagen debe estar repleta de contenidos. En gran parte, los contenidos televisivos (de naturaleza informativa) son imágenes de acontecimientos, pero son también «voces públicas». Dejo a un lado, por ahora, las entrevistas casuales a los viandantes. Las otras voces públicas, o del público, están constituidas por sondeos que nos indican en porcentajes «lo que piensa la gente».

Para ser exactos, los sondeos de opinión consisten en respuestas que se dan a preguntas (formuladas por el entrevistador). Y esta definición aclara de inmediato dos cosas: que las respuestas dependen ampliamente del modo en que se formulan las preguntas (y, por tanto, de quién las formula), y que, frecuentemente, el que responde se siente «forzado» a dar una respuesta improvisada en aquel momento. ¿Es eso lo que piensa la gente? Quien afirma esto no dice la verdad. De hecho, la mayoría de las opiniones recogidas por los sondeos es: *a)* débil (no expresa opiniones intensas, es decir, sentidas profundamente); *b)* volátil (puede cambiar en pocos días); *c)* inventada en ese momento para decir algo (si se responde «no sé» se puede quedar mal ante los demás); y sobre todo *d)* produce un efecto reflectante, un rebote de lo que sostienen los medios de comunicación.

De modo que, en primer lugar, las opiniones recogidas en los sondeos son por regla general *débiles*; y es raro que alguna vez se recojan opiniones profundas [8]. Escribe Russell Newman: «De cada diez cuestiones de política nacional que se plantean todos los años, el ciudadano medio tendrá preferencias fuertes y coherentes por una o dos, y virtualmente ninguna opinión

[8] La noción de intensidad se equipara a la de *salience*, es decir, de preeminencia, de relevancia. Para simplificar, resuelvo la segunda en la primera, aunque las dos cuestiones son diferenciables.

sobre los demás asuntos. Lo cual no es obstáculo para que cuando un entrevistador empieza a preguntar surjan opiniones inventadas en ese momento» (1986, págs. 22-23). El resultado de ello es que la mayoría de las opiniones recogidas son frágiles e inconsistentes[9]. Sin contar las opiniones inventadas para asuntos que se desconocen completamente. El entrevistador que interpela sobre una «ley de los metales metálicos», o bien sobre una absurda y fantástica «ley de 1975 sobre asuntos públicos», no vuelve a casa con las manos vacías: le responde un tercio e incluso dos tercios de los entrevistados (*cfr.* Bishop *et al.*, 1980).

Es verdad que algunas veces tenemos una opinión firme y sentida con fuerza, pero incluso cuando es así, no es seguro que la opinión que dictará nuestra elección de voto sea esa. El elector tiene en su escopeta, cuando entra en la cabina electoral, un solo cartucho; y si tiene, pongamos por caso, cinco opiniones firmes, deberá sacrificar cuatro. Durante más de veinte años, los expertos han explicado a los políticos americanos

---

[9] Converse (1964) ha destacado que, cuando la misma pregunta sobre las preferencias políticas se repite en intervalos de tiempo, las respuestas varían sin ninguna base coherente, sino de un modo casual.

que para cuadrar el déficit presupuestario, o para reducir las deudas, bastaba con subir un poco el precio de la gasolina (que en Estados Unidos cuesta la mitad que en Europa). Pero no, no hay nada que hacer: los sondeos revelan que los americanos son contrarios a esta medida. Pero si republicanos y demócratas se pusieran de acuerdo para votar un aumento, estoy dispuesto a apostar que el hecho de encarecer la gasolina no tendría ninguna incidencia electoral. Y es que dar por segura una opinión no equivale en modo alguno a prever un comportamiento. Un parecer sobre una *issue*, sobre una cuestión, no es una declaración de intención de voto.

Por otra parte, tenemos el problema de la fácil manipulación de los sondeos (así como de su institucionalización, que es el referéndum). Preguntar si se debe permitir el aborto, o bien si se debe proteger el derecho a la vida, es presentar las dos caras de una misma pregunta; de una pregunta sobre un problema que se entiende mejor que muchos otros. Y sin embargo, la diferente formulación de la pregunta puede cambiar la respuesta de un 20 por ciento de los interpelados. Durante el escándalo Watergate, en 1973, se efectuaron en un solo mes siete sondeos que preguntaban si el presidente Nixon debía dimitir o debía ser procesado. Pues bien, «la proporción de respuestas afirmativas variaba desde un mínimo del 10 a un máximo del 53 por ciento. Y estas diferencias se debían casi exclusivamente a variaciones en la formulación de las preguntas» (Crespi, 1989, págs. 71-72). Ésta es una oscilación extrema para una pregunta sencilla. Y el azar crece, obviamente, cuando los problemas son complicados. Cuando los ingleses fueron interpelados sobre la adhesión a la Unión Europea, los que estaban a favor oscilaban (pavorosamente) desde un 10 a un 60 por ciento; también esta vez, la causa de tal oscilación estaba en función de cómo se formulan y varían las preguntas [10].

De todo esto se deduce, pues, que quien se deja influenciar o asustar por los sondeos, el *sondeo dirigido*, a menudo se deja engañar en la falsedad y por la falsedad. Sin embargo, en Estados Unidos la sondeo-dependencia de los políticos —empezando por el presidente— es

[10] Un ejemplo límite de manipulación es que basta con variar el orden de dos nombres para obtener respuestas diferentes. Un sondeo Roper de septiembre de 1988 da como resultado que cuando el nombre de Dukakis (el candidato demócrata a la presidencia) se menciona en primer lugar, Bush (su antagonista republicano) se ponía 12 puntos por debajo; un resultado que se reducía a 4 puntos cuando se decía primero el nombre de Bush (*cit.* en Crespi, 1989, pág. 69).

prácticamente absoluta. También en Italia, Berlusconi vive de sondeos y su política se basa en ellos. Porque la sondeo-dependencia, como ya he dicho, es la auscultación de una falsedad que nos hace caer en una trampa y nos engaña al mismo tiempo. Los sondeos no son instrumentos de demo-poder —un instrumento que revela la *vox populi*— sino sobre todo una expresión del poder de los medios de comunicación *sobre* el pueblo; y su influencia bloquea frecuentemente decisiones útiles y necesarias, o bien lleva a tomar decisiones equivocadas sostenidas por simples «rumores», por opiniones débiles, deformadas, manipuladas, e incluso desinformadas. En definitiva, por opiniones ciegas.

Hablo de opiniones ciegas porque todos los profesionales del oficio saben, en el fondo, que la gran mayoría de los interpelados no sabe casi nada de las cuestiones sobre las que se le preguntan. Dos de cada cinco americanos no saben qué partido —y sólo hay dos partidos— controla su parlamento, ni saben dónde están los países del mundo (*cfr.* Erikson *et al.*, 1988). Se puede pensar: ¿qué diferencia hay si no se saben estas cosas? En sí misma, hay muy poca diferencia; pero es enorme si estas lagunas elementales se interpretan como indicadores de un desinterés generalizado. El argumento es que si una persona no sabe ni siquiera estas cosas tan elementales, con mayor razón no tendrá noción alguna de los problemas por simples que sean.

Creo que somos muchos los que estamos de acuerdo —aunque sólo lo digamos en voz baja— que la sondeo-dependencia es nociva, que las encuestas deberían tener menos peso del que tienen, y que las credenciales democráticas (e incluso «objetivas») del instrumento son espurias. Pero casi todos se rinden ante el hecho supuestamente inevitable de los sondeos. A lo cual respondo que los sondeos nos asfixian porque los estudiosos no cumplen con su deber. Los *pollsters*, los expertos en sondeos, se limitan a preguntar a su *quidam*, cualquiera que sea, «¿qué piensa sobre esto?» sin averiguar antes lo *que sabe de eso*, si es que sabe algo. Sin embargo, el núcleo de la cuestión es éste. Cuando se produjo la segunda votación de la Comisión Bicameral para las reformas constitucionales apareció un sondeo del CIRM que daba como resultado que el 51 por ciento de los italianos estaba a favor de la elección de una asamblea constituyente y sólo el 22 por ciento era favorable a la Bicameral. El mismo día (el 15 de enero de 1997) Indro Montanelli comentaba irónicamente en *Il Corriere della Sera* que para muchos italianos «bicameral» era probablemente una habitación con dos camas.

Está claro que el *pollster* comercial no tiene ningún interés en verificar cuál es la consistencia o inconsistencia de las opiniones que recoge: si lo hiciera sería autodestructivo. Pero los centros de investigación y las instituciones universitarias tendrían el estricto deber de colmar esta zona de oscuridad y confusión, verificando mediante *fact-finding polls* (encuestas de determinación de hechos) y entrevistas en profundidad el estado y el grado de *desconocimiento* del gran público. Sin embargo, se callan como muertos. Y de este modo convierten en inevitable algo que se podría evitar.

4

Menos información

He dicho que el gobierno de los sondeos se basa, *inter alia*, en opiniones desinformadas. Una consideración que nos lleva al problema de la información. El mérito casi indiscutible de la televisión es que «informa»; al menos eso nos dicen. Pero empecemos por aclarar el concepto.

Informar es propocionar noticias, y esto incluye noticias sobre nociones. Se puede estar informado de acontecimientos, pero también del saber. Aun así debemos puntualizar que *información no es conocimiento*, no es saber en el significado eurístico del término. Por sí misma, la información no lleva a comprender las cosas: se puede estar informadísimo de muchas cuestiones, y a pesar de ello no comprenderlas. Es correcto, pues, decir que la información da solamente nociones. Lo cual no es negativo. También el llamado saber nocional contribuye a la formación del *homo sapiens*. Pero si el saber nocional no es de

95

despreciar, tampoco debemos sobrevalorarlo. Acumular nociones, repito, no significa entenderlas.

Debemos también destacar que la importancia de las informaciones es variable. Numerosas informaciones son sólo frívolas, sobre sucesos sin importancia o tienen un puro y simple valor espectacular. Lo que equivale a decir que están desprovistas de valor o relevancia «significativa». Otras informaciones, por el contrario, son objetivamente importantes porque son las informaciones que constituirán una opinión pública sobre problemas públicos, sobre problemas de interés público (*vid. supra*, pág. 69). Y cuando hablo de subinformación o de desinformación me refiero a la información de «relevancia pública». Y es en este sentido (no en el sentido de las noticias deportivas, de crónica rosa o sucesos) en el que la televisión informa poco y mal.

Con esta premisa, es útil distinguir entre subinformación y desinformación. Por *subinformación* entiendo una información totalmente insuficiente que empobrece demasiado la noticia que da, o bien el hecho de no informar, la pura y simple eliminación de nueve de cada diez noticias existentes. Por tanto, subinformación significa reducir en exceso. Por *desinformación* entiendo una distorsión de la información: dar noticias falseadas que inducen a engaño al que las escucha. Nótese que no he dicho que la manipulación que distorsiona una noticia sea deliberada; con frecuencia refleja una deformación profesional, lo cual la hace menos culpable, pero también más peligrosa.

Evidentemente, la distinción es analítica, sirve para un análisis claro y preciso del problema. En concreto, la subinformación y la desinformación tienen zonas de superposición y traspasan la una a la otra. Pero esto no nos impide que podamos analizarlas por separado.

La difusión de la información, que se presenta como tal, aparece con el periódico. La palabra inglesa *newspaper* describe exactamente su propia naturaleza: hoja o papel «de noticias» *(news)*. En italiano, *giornale* destaca el aspecto de la cotidianidad, como en español el *diario*: lo que sucede día a día [*giorno per giorno*]. Pero lo que llamamos propiamente información de masas se desarrolla con la aparición de la radiofonía. El periódico excluye *eo ipso* al analfabeto que no lo puede leer, mientras que la locución de la radio llega también a los que no saben leer ni escribir. A esta extensión cuantitativa le puede corresponder un empobrecimiento cualitativo (pero no cuando la comparación se realiza con las publicaciones de contenido exclusivamente escandoloso, como los *tabloides*). Pero siempre existirá una diferencia entre el periódico y la radio: como la radio habla también para los que no leen, debe simplificar más y debe ser más breve, al menos en los noticiarios. Aun así se puede decir que la radio *complementa* al periódico.

¿Y la televisión? Admitamos que la televisión informa todavía más que la radio, en el sentido de que llega a una audiencia aún más amplia. Pero la progresión se detiene en este punto. Porque la televisión da *menos* informaciones que cualquier otro instrumento de información. Además, con la televisión cambia radicalmente el criterio de selección de las informaciones o entre las informaciones. La información que cuenta es la que se puede filmar mejor; y si no hay filmación no hay ni siquiera noticia, y, así pues, la noticia no se ofrece, pues no es «vídeo-digna».

Por tanto, la fuerza de la televisión —la fuerza de hablar por medio de imágenes— representa un problema. Los periódicos y la radio no tienen el problema de tener que estar *en el lugar de los hechos*. Por el contrario, la televisión sí lo tiene; pero lo tiene hasta cierto punto. No hay y no había ninguna necesidad de exagerar; no todas las noticias tienen que ir obligatoriamente acompañadas de imágenes. La cuestión de estar en el lugar de los hechos es, en parte, un problema que se ha creado la propia televisión (y que le ayuda a crecer exageradamente)[11].

Aún recordamos que durante algún tiempo los noticiarios de televisión eran fundamentalmente lecturas de estudio. Pero después alguien descubrió que la misión, el deber, de la televisión es «mostrar» las cosas de las que se habla. Y este descubrimiento señala el inicio de la degeneración de la televisión. Porque éste fue el hecho que ha «aldeanizado» la televisión en un sentido completamente opuesto al que se refería McLuhan: en el sentido de que limita la televisión *a lo cercano* (a las aldeas cercanas) y deja al margen las localidades y los países problemáticos o a los que cuesta demasiado llegar con un equipo de televisión.

Todo el mundo habrá observado que en la televisión ahora son cada vez más abundantes las noticias locales y nacionales y cada vez más escasas las noticias internacionales. Lo peor de todo es que el principio establecido de que la televisión siempre tiene que «mostrar», con-

---

[11] La «ley de Parkinson» (Parkinson, 1957), que prevé el crecimiento automático de las burocracias independientemente de cualquier necesidad objetiva, sólo por mecanismos internos de proliferación, se aplica exactamente al aumento del personal de la televisión.

vierte en un imperativo el hecho de tener siempre imágenes de todo lo que se habla, lo cual se traduce en una inflación de imágenes vulgares, es decir, de acontecimientos tan insignificantes como ridículamente exagerados. En Italia han exhibido centenares de veces —para ilustrar las investigaciones de la operación anti-mafia *Manos limpias*— las imágenes de las cajas de seguridad de un banco, y siempre era el mismo banco (que además no tenía ninguna relación con los hechos que se contaban). Dos alocadas niñas, de 13 ó 14 años, se escapan de su casa, y la televisión convierte el hecho en una novela de suspense sobre un «rapto vía Internet». Lanza entrevistadores a todas partes, se desplaza a Madrid, y de este modo animará a otras niñas a escapar de sus casas. Y vemos sin descanso imágenes de puertas, ventanas, calles, automóviles (que en general son de archivo) destinadas a llenar el vacío de penosas misiones igualmente fallidas.

Cuando todo va bien, se nos cuentan las elecciones en Inglaterra o en Alemania rápidamente, en 30 segundos. Después de esto llegan unas imágenes de un pueblecito que deben justificar su coste permaneciendo en onda 2 ó 3 minutos; unas imágenes de alguna historia lacrimógena (la madre que ha perdido a su hija entre la multitud) o truculenta (sobre algún asesinato), cuyo valor informativo o formativo de la opinión es virtualmente cero. Los noticiarios de nuestra televisión actual emplean 20 minutos de su media hora de duración en saturarnos de trivialidades y de noticias que sólo existen porque se deciden y se inventan en la rebotica de los noticiarios. ¿Información? Sí, también la noticia de la muerte de una gallina aplastada por un derrumbamiento se puede llamar información. Pero nunca será digna de mención.

La obligación de «mostrar» genera el deseo o la exigencia de «mostrarse». Esto produce el *pseudo-acontecimiento*, el hecho que acontece sólo porque hay una cámara que lo está rodando, y que, de otro modo, no tendría lugar. El pseudo-acontecimiento es, pues, un evento prefabricado para la televisión y por la televisión. A veces esta fabricación está justificada, pero aun así, no deja de ser algo «falso» expuesto a serios abusos y fácilmente queda como verdadera desinformación.

La cuestión es, insisto, que la producción de pseudo-acontecimientos o el hecho de caer en lo trivial e insignificante no se debe a ninguna necesidad objetiva, a ningún imperativo tecnológico. En Francia, en Inglaterra y en otros países siguen existiendo noticiarios serios que seleccionan noticias serias y que las ofrecen sin imágenes (si no las tienen). El nivel al que ha descendido nuestra televisión se debe fundamentalmente a un personal que tiene un nivel intelectual y profesional muy bajo. La información televisiva se podría organizar mucho mejor. Aclarado esto, es verdad que la fuerza de la imagen está en la propia imagen. Para hacernos una idea, basta comparar la información escrita del periódico con la información visual de la televisión.

El hombre de la cultura escrita y, por tanto, de la era de los periódicos leía, por ejemplo, alrededor de quince acontecimientos diarios significativos —nacionales o internacionales— y por regla general cada acontecimiento se desarrollaba en una columna del periódico. Este noticiario se reduce al menos a la mitad en los telediarios; y con tiempos que a su vez descienden a 1 ó 2 minutos. La reducción-compresión es enorme: y lo que desaparece en esa compresión es el encuadre del problema al que se refieren las imágenes. Porque ya sabemos que la imagen es enemiga de la abstracción, mientras que explicar es desarrollar un discurso abstracto. Ya he dicho en otras ocasiones que los problemas no son «visibles». Lo que podemos ver en la televisión es lo que «mueve» los sentimientos y las emociones: asesinatos, violencia, disparos, arrestos, protestas, lamentos; y en otro orden de cosas: terremotos, incendios, aluviones e incidentes varios.

En suma, lo visible nos aprisiona en lo visible. Para el hombre que puede ver (y ya está), lo que no ve no existe. La amputación es inmensa, y empeora a causa del porqué y del cómo la televisión elige *ese detalle visible*, entre otros cien o mil acontecimientos igualmente dignos de consideración.

A fuerza de subinformar, y a la vez de destacar y exagerar las noticias locales, terminamos por «perder de vista» el mundo y casi ya no interesarnos por él. La necedad de los públicos educados por la televisión queda bien ejemplificada por el caso de Estados Unidos, donde la retransmisión de la caída del muro de Berlín en 1989 —probablemente el acontecimiento político más importante de este siglo (después de las guerras mundiales)— fue un fracaso televisivo. El índice de audiencia del acontecimiento mientras se ofrecía en directo por la cadena ABC, con dos importantes comentaristas, fue el más bajo entre todos los programas de esa franja horaria. Y la audiencia de la caída del muro de Berlín fue ampliamente superada (ese mismo año) por el estudiante chino frente al tanque en la plaza de Tiananmen, en Pekín: un evento de gran valor espectacular pero de escasa relevancia sustancial[12].

La CBS, otra de las grandes cadenas de televisión, ha comentado tranquilamente: «es simplemente una cuestión de preferencia de los espectadores. El índice de audiencia aumenta con acontecimientos nacionales como terremotos o huracanes». Este comentario es escalofriante por su miopía y su cinismo: descarga sobre el público las culpas que, en realidad, tienen los medios de comunicación. Si el hombre de la calle no sabe nada del mundo, es evidente que no se interesará por él. Inicialmente, también la información (como la lectura) representa un «coste». El hecho de informarse requiere una inversión de tiempo y de atención; y llega a ser gratificante —es un coste que compensa— sólo

---

[12] Sobre Tiananmen, Henry Kissinger se preguntaba «¿cómo es posible que haya tantos escritos en inglés en los carteles y pancartas de los estudiantes?» y luego observaba que «las víctimas de la plaza no eran muchas; el mayor número de muertos estaba a unas tres millas de la plaza, y éstos eran obreros y no estudiantes [...] que se manifestaban para reclamar mejores condiciones económicas, no para cambiar la vida política del país» (*cit.* Glisenti y Pesenti, 1990, pág. 174). Así pues, en el caso de Tiananmen se mezcla un pseudo-acontecimiento creado por la presencia de la televisión (pancartas en inglés), subinformación y además desinformación.

después de que la información almacenada llega a su masa crítica. Para amar la música es necesario saber un poco de música, si no Beethoven es un ruido; para amar el fútbol es necesario haber entendido cuál es la naturaleza del juego; para apasionarse con el ajedrez hace falta saber cómo se mueven las piezas. Análogamente, el que ha superado el «umbral crítico», en lo que se refiere a la política y a los asuntos internacionales, capta al vuelo las noticias del día, porque comprende enseguida el significado y las implicaciones. Pero el que no dispone de «almacén» realiza un esfuerzo, no asimila los mismos datos y por ello pasa a otra cosa. El público que no se interesa en la caída del muro de Berlín es el público que ha sido formado por las grandes cadenas de televisión norteamericanas[13]. Si las preferencias de la audiencia se concentran en las noticias nacionales y en las páginas de sucesos es porque las cadenas televisivas han producido ciudadanos que no saben nada y que se interesan por trivialidades[14].

---

[13] Que además es un público que ni siquiera se interesa ya por cuestiones públicas: ahora en Estados Unidos sólo el 20 por ciento de los jóvenes de menos de treinta años sigue los telediarios llamados *world news*, noticias del mundo.

[14] Neil Postman comenta lo siguiente: «Con toda probabi-

Prueba de ello es que hasta la llegada de la televisión el público se interesaba por las noticias internacionales, y por eso los periódicos las publicaban. Ahora se interesan por ellas cada vez menos. ¿Por qué? ¿Se ha atrofiado el ciudadano por sí solo? Obviamente no. Obviamente la prensa escrita alimentaba unos intereses y una curiosidad que la vídeo-política ha ido apagando.

lidad, los americanos son hoy la población que más entretenimiento tiene [*entertained*] y la menos informada del mundo occidental» (1985, pág. 106).

5

MÁS DESINFORMACIÓN

Analicemos qué es la verdadera desinformación: no informar poco (demasiado poco), sino informar mal, distorsionando.

Parto de la base de que al menos en parte la desinformación televisiva es involuntaria y, de algún modo, inevitable. Y empiezo con esta constatación: la aldea global de McLuhan es «global» sólo a medias, por lo que en realidad no es global. La cámara de televisión entra fácil y libremente en los países libres; entra poco y con precaución en los países peligrosos; y no entra nunca en los países sin libertad. De lo que se deduce que cuanto más tiránico y sanguinario es un régimen, más lo ignora la televisión y, por tanto, lo absuelve. En el pasado, se han producido atroces masacres en Madagascar, en Uganda (en los buenos tiempos de Idi Amin Dada), en Zaire (ex Congo belga), en Nigeria, y la lista sería aún más larga. Nadie las ha visto nunca (en televisión) y, por tanto, para la mayoría no han existido. Hasta el punto de que Idi Amin Dada —que ha matado por lo menos a 250.000 de los suyos— era acogido con vítores en sus viajes por África. Hasta hoy la televisión nunca ha entrado en Sudán, otro país que extermina a los suyos matándolos de hambre (exactamente como hacía la Etiopía de Mengistu). En los años cincuenta, también se produjeron auténticos exterminios en Indonesia. ¿Y qué podemos decir de las decenas de millones de muertos de hambre (estimados) en China después del gran «paso hacia delante» de Mao Zedong? En China no se entraba entonces, ni se entra hoy y, de este modo, lo que le sucede a más de mil millones de seres humanos no es noticia (para la televisión). *Non vidi, ergo non est.*

Es comprensible que no se pueda imputar a la televisión que no muestre lo que no puede mostrar. Pero se tiene que imputar a la televisión el hecho de avalar y reforzar una percepción del mundo basada en dos pesos y dos medidas y, por tanto, enormemente injusta y distorsionadora. Para el reverendo Jesse Jackson (que en 1988 era candidato a la presidencia de Estados Unidos) Suráfrica era entonces un Estado terrorista; pero no lo eran, o al menos Jackson no lo decía, Libia, Irán y Siria, países borrados del tele-ver. Israel no ha terminado en la lista negra como Suráfrica sólo porque está protegido por las comunidades hebreas de Estados Unidos y de todo el mundo. Aunque sea de un modo involuntario (pero sin preocuparse excesivamente), la televisión penaliza a los países libres y protege a los países sin libertad en los que las dictaduras gobiernan matando.

Hasta aquí hemos examinado diferentes distorsiones que son el resultado de un mundo visto a medias y, por tanto, que realmente no se ha visto. Pasemos a otros tipos de desinformación. Ya he anticipado la fabricación de pseudo-acontecimientos. Pero comparado con otros tipos de desinformación, es una nimiedad. Paso, pues, a analizar las distorsiones informativas más importantes. Comencemos por las falsas estadísticas y las entrevistas casuales.

Entiendo por falsas estadísticas, resultados estadísticos que son «falsos» por la interpretación que se les da. En esta clase de falsedades se ejercita también la prensa; pero es la televisión la que las ha impuesto a todos —incluida la prensa— como dogmas. Porque para la televisión los cuadros estadísticos —debidamente simplificados y reducidos al máximo— son como el queso para los macarrones. Con cuadros y porcentajes, todo se puede condensar en pocas imágenes; imágenes que parecen de una objetividad indiscutible. En las estadísticas hablan las matemáticas. Y las matemáticas no se hacen con habladurías.

Las matemáticas no. Pero la interpretación de unos resultados estadísticos, sí. Tomemos el caso —realmente clamoroso— de las estadísticas utilizadas para demostrar y medir, en Estados Unidos, la discriminación racial, sobre todo la que perjudica a los negros, pero también en algunos casos a otras minorías.

¿Cómo se demuestra que los negros están discriminados y deliberadamente desfavorecidos sólo porque son negros? Desde hace cuarenta años hasta hoy día, la prueba de la discriminación pacíficamente aceptada (por la mayoría y, por supuesto, por los medios de comunicación) es la escasa representación de los negros —con respecto a su proporción demográfica— en las universidades, en Wall Street, en las grandes empresas y, en última instancia, en el elenco de multimillonarios (en dólares). El argumento es el siguiente: si son proporcionalmente menos, menos que los blancos, es porque están discriminados. Parece obvio o, mejor, esta conclusión se desecha por obvia; pero, por el contrario, lo que es obvio es que esta prueba no prueba nada. Absolutamente nada. Pues cualquier estudiante que aprueba un examen de estadística elemental tiene la obligación de saber que, si tenemos una distribución anómala, no significa que tengamos también la causa y las causas que la producen. Ya que los negros tienen una escasa representación, queda por descubrir el porqué y hay que probar específicamente que la causa de esta baja representación sea una discriminación racial.

Obsérvese que los negros están altamente sobrerrepresentados en muchos deportes: en las carreras, el boxeo, el baloncesto y las diversas clases de atletismo hay multitud de negros. Los negros destacan también en el baile y el jazz. ¿Es tal vez porque en estas actividades se practica la discriminación contra los blancos? Nadie sostiene tal teoría, por la sencilla razón de que sería una clara estupidez. Pero la misma estupidez se acepta sin parpadear a la inversa. Además, dentro de esta lógica (ilógica), ¿qué hacemos con los asiáticos? En las mejores universidades americanas, los estudiantes «amarillos» tienen una sobrerrepresentación, respecto a su índice demográfico. ¿Por qué? ¿Tal vez porque alguien discrimina a su favor? Obviamente no. Obviamente porque son más estudiosos y mejores (como estudiantes). Una información correcta diría esto, pero la desinformación no lo dice.

A las estadísticas falsas hay que añadir, como factor de distorsión, la entrevista casual. El entrevistador al que se le manda cubrir un acontecimiento —e incluso un no-acontecimiento— con imágenes pasea por la calle y entrevista a los que pasan. Así, finalmente, es la voz del pueblo la que se hace oír. Pero esto es una falsedad absoluta. Dejemos de lado el hecho de que estas entrevistas están siempre «precocinadas» con oportunas distribuciones de síes y noes. Lo esencial es que la «casualidad» de las entrevistas casuales no es una casualidad estadística y que el transeúnte no representa a nada ni a nadie: habla sólo por sí mismo. En el mejor de los casos, las entrevistas casuales son «coloristas». Pero cuando tratan de problemas serios son, en general, formidables multiplicadores de estupideces. Cuando se dicen en la pantalla, las estupideces crean opinión: las dice un pobre hombre balbuceando a duras penas, y al día siguiente las repiten decenas de miles de personas.

Telesio Malaspina lo resume claramente:

A la televisión le encanta dar la palabra a la gente de la calle, o similares. El resultado es que se presenta como verdadero lo que con frecuencia no es verdad [...]. Las opiniones más facciosas y necias [...] adquieren la densidad de una corriente de pensamiento [...].

Poco a poco la televisión crea la convicción de que cualquiera que tenga algo que decir, o algo por lo que quejarse, tiene derecho a ser escuchado. Inmediatamente. Y con vistosos signos de aprobación [por parte de los entrevistadores] [...]. El uso y el abuso de la gente en directo hace creer que ahora ya puede tomarse cualquier decisión en un momento por aclamación popular. (1995, pág. 24)

Prosigamos. Además de falsas estadísticas y entrevistas casuales, la desinformación se alimenta de dos típicas distorsiones de una información que tiene que ser *excitante* a cualquier precio: premiar la excentricidad y privilegiar el ataque y la agresividad.

En cuanto al primer aspecto, me limito a observar de pasada que la visibilidad está garantizada para las posiciones extremas, las extravagancias, los «exagerados» y las exageraciones. Cuanto más descabellada es una tesis, más se promociona y se difunde. Las mentes vacías se especializan en el extremismo intelectual y, de este modo, adquieren notoriedad (difundiendo, se entiende, vaciedades). El resultado de ello es una formidable selección a la inversa. Destacan los charlatanes, los pensadores mediocres, los que buscan la novedad a toda costa, y quedan en la sombra las personas serias, las que de verdad piensan. Todo esto significa ponerse a disposición de un «interés mal entendido». El otro aspecto consiste, como ya he dicho, en privilegiar el ataque y la agresividad. Esto puede suceder de diferentes modos. La televisión americana es agresiva en el sentido de que el periodista televisivo se siente revestido de una «función crítica» y es, por tanto, un *adversary*, constitutivamente predispuesto a morder y pinchar al poder, a mantenerlo bajo sospecha y acusación. Esta agresividad se considera en Estados Unidos como una ética profesional, aunque después, un segundo objetivo, menos noble, es el de «crear público» y complacerlo. En Italia, con la televisión estatal, nunca ha sido así. Los periodistas de las televisiones estatales se sienten inseguros y, por tanto, son muy cautelosos: no quieren escándalos, y hacen carrera tratando al gobierno con guantes de seda. Todos deben quedar satisfechos (incluso el Papa), también en términos de minutaje. De modo que, en Italia, la agresividad y la «función adversaria» de la televisión segura de sí misma permanece reprimida o comprimida. A pesar de ello, también en Italia la televisión se siente inevitablemente atraída por los altercados y los conflictos, y los valora.

La televisión llega siempre con rapidez al lugar donde hay agitación, alguien protesta, se

manifiesta, ocupa edificios, bloquea calles y fe-
rrocarriles y, en suma, ataca algo o a alguien[15].
Se podría pensar que esto sucede porque un ataque puede resultar un espectáculo, y la televisión
es espectáculo. En parte, esto debe ser así. Pero
el mundo real no es espectáculo y el que lo convierte en eso deforma los problemas y nos desinforma sobre la realidad; peor no podría ser[16].

El aspecto más grave de esta preferencia espectacular por el ataque es que viola, en sus más
hondas raíces, el principio de toda convivencia

[15] Lo cual alimenta los pseudo-acontecimientos en los
que es la televisión la que crea la protesta. El que quiere
quejarse de algo, en primer lugar va a la televisión para pe-
dir que le filmen. Los productores de leche que durante
un largo periodo de tiempo bloquearon, de un modo es-
candaloso, el aeropuerto de Linate admitieron que habían
obstaculizado calles y aeropuertos para «crear noticia». En
casos como éstos, la televisión promueve malos ejemplos y
es dañina.

[16] La creciente dificultad de la política (Sartori, 1996, págs.
157-165) se inscribe en este contexto. Como ha observado
Michael Robinson, «el desafecto entre ciudadanos y gobierno empezó a aumentar cuando los telediarios nocturnos
de las *cadenas* pasaron a durar de 15 a 30 minutos»; lo
cual «no es una mera coincidencia, ya que un noticiario
televisivo que habla de instituciones sociales y políticas en
estado de permanente conflicto alimenta el cinismo, la des-
confianza [...], sentido de la ineptitud, y frustración» (*cit.*
en Zukin, 1981, pág. 379).

cívica: el principio de «oír a la otra parte». Si se acusa a alguien se debe oír al acusado. Si se bloquean calles y trenes, se debería oír y mostrar a los damnificados, a los inocentes viajeros; pero casi nunca sucede así. Por lo general, la televisión lleva a las pantallas sólo a quien ataca, al que se agita, de tal modo que la protesta se convierte en un protagonista desproporcionado que siempre actúa sinceramente (incluso cuando se ha equivocado de parte a parte). Atribuir voces a las reclamaciones, a las quejas y a las denuncias está bien. Pero para servir de verdad a una buena causa, y hacer el bien, es necesario que la protesta sea tratada con imparcialidad. Donde hay una acusación, tiene que haber también una defensa. Si se muestran imágenes de la persona que ataca, se deben retransmitir también imágenes de la persona atacada. Sin embargo, el ataque en sí mismo es un «visible» y produce impacto; la defensa, normalmente, es un discurso. Dios nos coja confesados. De este modo, la pantalla se llena de manifestaciones, pancartas, personas que gritan y lanzan piedras e incluso cócteles Molotov y tienen siempre razón en las imágenes que vemos, porque a su voz no se contrapone ninguna otra voz [17]. Se diría que en el

[17] Lo peor de todo es que ni siquiera la protesta queda

116

código de la televisión está escrito *inaudita altera parte*. Y está llegando a ser incluso una norma que el entrevistador debe «simpatizar» con sus entrevistados (de tal manera que un asesino se convierte en un «pobre» asesino que nos tiene que conmover). Y esto es un mal código para una pésima televisión.

Concluyo con una pregunta: ¿valía la pena disertar —como hemos hecho hasta ahora— sobre información, subinformación y desinformación? Para los vídeo-niños convertidos en adultos por el negropontismo, el problema está resuelto antes de ser planteado. Peor incluso, los negropontinos ni siquiera entienden la pregunta. Mi teoría es que informar es comunicar un *contenido*, decir *algo*. Pero en la jerga de la confusión mediática, información es solamente el *bit*, porque el *bit* es el contenido de sí mismo. Es decir, en la red, información es todo lo que circula. Por tanto, información, desinformación, verdadero, falso, todo es uno y lo mismo. Incluso un rumor, una vez que ha pasado a la red, se convierte en

---

explicada. Recuerdo que cuando en Corea tenían lugar las Olimpiadas, noche tras noche veíamos a toscos jovenzuelos, expertos en lanzar botellas explosivas. ¿Qué asaltaban y por qué? El telediario nunca lo decía: el acontecimiento consistía en demostrar el comportamiento brutal de la policía, o en el policía incendiado a causa del cóctel Molotov.

información. Así pues, el problema se resuelve vaporizando la noción de información y diluyéndola sin residuo en un comunicar que es solamente «contacto». Quien se aventura en la red informativa y se permite observar que un rumor no informa o que una información falsa desinforma, es —para Negroponte y sus seguidores— un infeliz que aún no ha comprendido nada, un despojo de una «vieja cultura» muerta y enterrada. A la cual yo me alegro de pertenecer.

6

TAMBIÉN LA IMAGEN MIENTE

Es difícil negar que una mayor subinformación y una mayor desinformación son los puntos negativos del tele-ver. Aun así —se rebate— la televisión supera a la información escrita porque «la imagen no miente» (éste era el lema favorito de Walter Cronkite, el decano de los *anchormen* de la televisión americana). No miente, no puede mentir, porque la imagen es la que es y, por así decirlo, habla por sí misma. Si fotografiamos algo, ese algo existe y es como se ve.

No hay duda de que los noticiarios de la televisión ofrecen al espectador la sensación de que lo que ve es verdad, que los hechos vistos por él suceden tal y como él los ve. Y, sin embargo, no es así. La televisión puede mentir y falsear la verdad, exactamente igual que cualquier otro instrumento de comunicación. La diferencia es que la «fuerza de la veracidad» inherente a la imagen hace la mentira más eficaz y, por tanto, más peligrosa.

La vídeo-política está a sus anchas en los llamados *talk-shows*, que en Estados Unidos y en Inglaterra están realizados por periodistas realmente buenos e independientes. En el debate bien dirigido, al que miente se le contradice enseguida, pero esto sucede porque en los *talk-shows* (como su propio nombre indica) se habla y, por tanto, en este contexto, la imagen pasa a segundo plano. Siempre cuenta el hecho de que las personas sean poco fotogénicas, ya que hay rostros que no traspasan la pantalla (que no llegan al público). Pero lo que de verdad cuenta es lo que se dice y cómo se dice. Esto es así en la televisión que mejor nos informa que es, desafortunadamente, una televisión atípica. En la típica, todo se centra en la imagen, y lo que se nos muestra —repito— puede engañarnos perfectamente. Una fotografía miente si es el resultado de un fotomontaje. Y la televisión de los acontecimientos, cuando llega al espectador, es toda ella un fotomontaje.

Pero procedamos con orden. Decía que entre subinformación y desinformación el confín es, en concreto, poroso. Lo mismo podemos decir para los engaños televisivos. En ciertos casos son mínimos, y pueden ser atribuidos a una información insuficiente. En otros casos son graves, pero a veces es difícil establecer si un engaño es el resultado de la desinformación o de la manipulación deliberada, de querer engañar. También en este sentido hay zonas que se superponen.

En general, y genéricamente, la visión en la pantalla es siempre un poco falsa, en el sentido de que *descontextualiza*, pues se basa en primeros planos fuera de contexto. Quien recuerda la primera guerra que vimos (y perdimos) en televisión, la guerra del Vietnam, recordará la imagen de un coronel survietnamita disparando a la sien de un prisionero del Vietcong. El mundo civil se quedó horrorizado. Sin embargo, esa imagen no mostraba a todos los muertos que había alrededor, que eran cuerpos horrendamente mutilados, no sólo de soldados americanos, sino también de mujeres y niños. Por consiguiente, la imagen de la ejecución por un disparo en la sien era verdadera, pero el mensaje que contenía era engañoso.

Otro caso emblemático fue el de Rodney King, un negro apaleado por algunos policías en una calle de Los Ángeles, el 3 de marzo de 1991. Las imágenes de King se retransmitieron por todas las televisiones americanas centenas de veces. No decían que la detención del hombre apaleado le había costado a la policía una larga y peligrosa persecución en coche a 180 kilómetros por hora, ni que estaba drogado y borracho y que no hizo caso cuando se le mandó que se detuviera. De aquellas imágenes, se deducía prácticamente una guerra racial[18]. La brutalidad de la policía era indudable. Pero el episodio, puesto en contexto, no justificaba en modo alguno el escándalo que suscitó. Aquella imagen, tal y como se ofrecía, era un engaño.

No es necesario seguir poniendo ejemplos. La verdad es que para falsear un acontecimiento narrado por medio de imágenes son suficientes unas tijeras. Además, no es absolutamente cierto que la imagen hable por sí misma. Nos muestran a un hombre asesinado. ¿Quién lo ha matado? La imagen no lo dice; lo dice la voz de quien sostiene un micrófono en la mano; y el locutor quiere mentir, o se le ordena que mienta, dicho y hecho.

Disponemos también de experimentos que confirman que en televisión las mentiras se

---

[18] Para ser exactos, la explosión de la violencia negra fue provocada un año después del veredicto del jurado «blanco» que absolvió a los policías. South Central, un suburbio de Los Ángeles de 80.000 habitantes, que tiene un 80 por ciento de población negra, fue destruido y saqueado; y desde allí la violencia se extendió hasta Chicago y Nueva York. El balance fue de 44 muertos (incluidos algunos coreanos propietarios de comercios), 1.500 heridos y 2.000 edificios incendiados.

venden mejor. En Inglaterra un famoso comentarista dio —en el *Daily Telegraph*, en la radio y en la televisión— dos versiones de sus películas favoritas, una verdadera y otra descaradamente falsa. Un grupo de 40.000 personas —telespectadores, oyentes y lectores— respondió a la pregunta de en cuál de las dos entrevistas decía la verdad. Los más sagaces para descubrir las mentiras fueron los oyentes de la radio (más del 73 por ciento), mientras que sólo el 52 por ciento de los telespectadores las descubrieron. Y este resultado parece plausible. Yo lo interpretaría así: el vídeo-dependiente tiene menos sentido crítico que quien es aún un animal simbólico adiestrado en la utilización de los símbolos abstractos. Al perder la capacidad de abstracción perdemos también la capacidad de distinguir entre lo verdadero y lo falso.

¿Y la democracia?

1

VÍDEO-ELECCIONES

En la segunda parte hemos examinado los efectos de fondo de la vídeo-política y, sobre todo, su incidencia en la formación de la opinión pública. Quedan por examinar dos aspectos concretos: su incidencia electoral y su incidencia en el modo de gobernar.

Ya en los tiempos en los que sólo había periódicos, la pregunta era: ¿en qué medida influye el periódico en la decisión de los electores? Es difícil saberlo. Normalmente, respondemos con pruebas indirectas. Por ejemplo, que la mayoría de los periódicos, o los periódicos más importantes, han apoyado a candidatos y partidos que no han ganado. En Italia, la prensa de las «regiones rojas» de la postguerra (el *Resto del Carlino* en Bolonia y *La Nazione* en Florencia) era anticomunista, y los comunistas arrasaban en las elecciones. ¿Es ésta una prueba de que la influencia es escasa? Seguramente, no. Para medir de verdad la influencia electoral de los periódicos se necesitarían «contrafactuales», es decir la ausencia de periódicos, o bien relaciones de fuerza invertidas entre los periódicos. Por ejemplo, ¿sin *La Nazione* el voto comunista en Toscana hubiera sido el que fue o hubiera aumentado, supongamos, al 65 por ciento? ¿Y si en lugar de *La Nazione* hubiera sido el diario *Unità* el que vendiera en Toscana 350.000 ejemplares, el Partido Comunista Italiano habría obtenido aquel 65 por ciento, o habría aumentado al 75 por ciento? Estas preguntas no tienen una respuesta porque la hipótesis «si x no hubiera sido así, entonces» no es verificable.

El problema de la televisión es análogo: nos falta, decíamos, el «contrafactual». En algunos casos es prácticamente seguro que la influencia de la televisión es decisiva. En una investigación experimental Iyengar y Kinder distinguen entre el poder de los noticiarios televisivos para «dirigir la atención del público (*agenda setting*)» y el poder de «definir los criterios que informan la capacidad de enjuiciar (*priming*)» y para ambos casos concluyen que «las noticias televisivas influyen de un modo decisivo en las prioridades atribuidas por las personas a los problemas nacionales y las consideraciones según las cuales valoran a los dirigentes políticos» (1987, pág. 117)[1]. El caso de Estados Unidos es, sin embargo, bastante simple. Cuatro de cada cinco americanos declaran que votan en función de lo que aprenden ante la pantalla. Son, con toda probabilidad, personas que no leen periódico alguno; y como en Estados Unidos los partidos son muy débiles y las emisoras de radio son todas locales y dan poquísimas noticias políticas, podemos deducir las conclusiones rápidamente. Pero en Europa, los periódicos y los partidos tienen aún un peso que puede equilibrar la influencia de la televisión y, por tanto, el cálculo de la influencia es difícil de realizar. De todos modos, por regla general, la televisión influye más cuanto menor son las fuezas contrarias en juego, y especialmente cuanto más débil es el periódico, o cuanto más débil es la canalización partidista de la opinión pública.

Lo que podemos calcular es sobre todo la variación de las intenciones de voto en el transcurso de las campañas electorales. Por ejemplo,

---

[1] Mientras la noción de *agenda setting* se utiliza normalmente, la noción de *priming* (que en pintura es poner la base de un barniz) ha sido acuñada por ellos. Y como de sus experimentos deducen que el *priming*, poner la base, es decisivo, se concluye que «las noticias ofrecidas en televisión tienen la capacidad de modificar los índices estándar de valoración» del público.

en las elecciones italianas de 1994 Luca Ricolfi calculó (entrevistando cada quince días a una muestra) que la televisión había desplazado hacia la derecha más de seis millones de votos. Y aunque éste sea un desplazamiento máximo, son muchos los que consideran que tres o cuatro millones de nuestros electores están tele-guiados. Quede claro que en este tema una explicación estrictamente monocausal no se mantiene casi nunca, pero si nos limitamos a las variaciones de las intenciones de voto, es plausible que en este sentido la influencia de la televisión sea decisiva.

Por otra parte, tenemos el hecho de que esta medición excluye a los que no cambian el voto, es decir, la mayoría del electorado. ¿Por qué no lo cambia? Probablemente porque, dada una multiplicidad de llamamientos diferentes y contrarios, las incitaciones de los medios de información se neutralizan. Pero esto no es una prueba de que no haya influencia; y ya estamos de nuevo en el frágil terreno de la búsqueda de indicios.

No obstante, no nos debemos limitar a analizar cuánto incide la televisión en el voto. Los efectos de la vídeo-política tienen un amplio alcance. Uno de estos efectos es, seguramente, que la televisión *personaliza* las elecciones. En la pantalla vemos personas y no programas de partido; y personas constreñidas a hablar con cuentagotas. En definitiva, la televisión nos propone personas (que algunas veces hablan) en lugar de discursos (sin personas). Damos por hecho que el máximo líder, como decimos hoy, puede emerger de todos modos, incluso sin televisión. En sus tiempos, Hitler, Mussolini y Perón se las arreglaron perfectamente con la radio, los noticiarios proyectados en los cines y los comicios. La diferencia es que Hitler magnetizaba con sus discursos histéricos y torrenciales y Mussolini con una retórica lapidaria, mientras que el vídeolíder más que transmitir mensajes *es* el mensaje. Es el mensaje mismo en el sentido de que si analizamos lo que dice, descubrimos que «los medios de comunicación crean la necesidad de que haya fuertes personalidades con lenguajes ambiguos [...] que permiten a cada grupo buscar en ello [...] lo que quiere encontrar» (Fabbrini, 1990, pág. 177).

Sea como fuere, cuando hablamos de personalización de las elecciones queremos decir que lo más importante son los «rostros» (si son telegénicos, si llenan la pantalla o no) y que la personalización llega a generalizarse, desde el momento en que la política «en imágenes» se fundamenta en la exhibición de personas. Lo que también quiere decir que la personalización de la política se despliega a todos los niveles, incluyendo a los líderes locales, especialmente si el voto tiene lugar en circunscripciones uninominales.

La última observación nos recuerda que, por lo que respecta a la personalización, el sistema electoral es una variable importante. Aquí la regla generalizada es que el poder del vídeo es menor cuando el voto se da a listas de partido, y que adquiere toda su fuerza cuando el sistema electoral está también personalizado, es decir, cuando se vota en colegios uninominales para candidatos únicos. Pero, atención, el sistema electoral interactúa siempre con el sistema de partidos y más exactamente con su fuerza organizativa (*cfr.* Sartori, 1996, págs. 51-60). Estados Unidos e Inglaterra tienen el mismo sistema electoral: el sistema uninominal, de una sola vuelta. Pero la incidencia de la vídeo-política es fortísima en las votaciones americanas y más moderada en las inglesas. La razón es, repito, que el sistema de partidos es débil, debilísimo, en América, mientras que sigue estando fuerte, fuertemente estructurado en el Reino Unido.

El sistema electoral y el sistema de partidos son, pues, variables importantes en lo que concierne al hecho de favorecer u obstaculizar la personalización de la política. También lo es el sistema político, en cuanto a la diferencia entre sistemas presidenciales y sistemas parlamentarios. En los sistemas presidenciales el jefe del Estado es designado por una elección popular directa. Y, por consiguiente, en estos sistemas la personalización de la política es máxima. Y lo es especialmente en Estados Unidos, donde la fuerza de la televisión es asimismo máxima.

Los comentaristas americanos caracterizan sus elecciones presidenciales como una *horse race*, una carrera de caballos, y la cobertura televisiva de esta carrera es como un *game reporting*, una retransmisión deportiva. Paso la palabra a T. E. Patterson (1982, pág. 30): «Antes, los candidatos formaban a su público de seguidores mediante reclamos sustantivos de contenido. Ahora se tienen que enfrentar a la dinámica de cómo se retransmite un juego»; y esto es porque el reportaje está, a la vez, «dominado por el reportero» y *game centered*, centrado en el juego. La cuestión es que la carrera presidencial se convierte en un espectáculo (incluida también en el *show business*) en el que el espectáculo es lo esencial, y la información es un residuo.

El último punto es éste: que la vídeo-política tiende a destruir —unas veces más, otras menos— el partido, o por lo menos el partido

organizado de masas que en Europa ha dominado la escena durante casi un siglo. No se trata
sólo de que la televisión sea un instrumento *de* y
para candidatos antes que un medio *de* y *para*
partidos; sino que además el rastreo de votos ya
no requiere una organización capilar de sedes y
activistas. Berlusconi ha conseguido una cuarta
parte de los votos italianos sin ningún partido
organizado a sus espaldas (pero con las espaldas
bien cubiertas por su propio imperio televisivo).
El caso del presidente Collor, en Brasil, es pare-
cido: un partiducho improvisado sobre dos pies,
pero con un fuerte apoyo televisivo. En Estados
Unidos, Ross Perot, en las elecciones presidenciales de 1993, llegó a obtener una quinta parte
de los votos haciéndolo todo él solo, con su dinero, simplemente con los *talk-shows* y pagando
sus presentaciones televisivas.

No preveo que los partidos desaparezcan.
Pero la vídeo-política reduce el peso y la esen-
cialidad de los partidos y, por eso mismo, les
obliga a transformarse. El llamado «partido de
peso» ya no es indispensable; el «partido lige-
ro» es suficiente.

2

LA POLÍTICA VÍDEO-PLASMADA

Es evidente que las vídeo-elecciones dan lugar a una vídeo-política más amplia y, por tanto, no hay solución de continuidad entre la incidencia electoral y la incidencia generalizada de la televisión. Y con esta advertencia pasemos a hacer un análisis más completo, a una visión de conjunto.

Partamos de nuevo de esta premisa: de qué modo el político hacía política hasta hace cincuenta años. La hacía sabiendo poco y también atendiendo escasamente a lo que sus electores querían. Los sondeos no existían; y además no se tomaba en consideración el hecho de que el representante fuera o tuviera que ser el mandatario, el portavoz de sus representados. Las constituciones, todas las constituciones, prohíben el mandato imperativo (y por buenísimas razones: *cfr.* Sartori, 1995, capítulo 11). Por ello, en el pasado, el representante era enormemente independiente de sus electores. Pero esta independencia fue, en realidad, privilegio o prerrogativa sólo del llamado político gentilhombre del XIX —en general el señor o el notable del lugar—. El *gentleman politician* tenía una vida acomodada (propietario de tierras), no estaba ligado a partido alguno y no tenía vínculo programático y, generalmente, era elegido sin oposición (eran tiempos de sufragio restringido). Este estado de cosas cambia con las ampliaciones del sufragio, con la afirmación en Europa de la política ideológica, y con ella, de los partidos organizados de masas: partidos obreros, y en el polo opuesto, católicos. A lo largo del siglo XX, el partido prevalece sobre los miembros electos —por la fuerza de la ideología que lo instituye y a la que representa— y de este modo se inicia la partido-dependencia. Cuanto más vota el elector al símbolo, a la ideología o al programa de un partido, más dependen los candidatos de su partido para ser elegidos.

Así pues, durante casi un siglo, el representante ha sido partido-dependiente, al menos en los grandes partidos de masas. Hoy esta dependencia se está reduciendo, pero no por ello estamos volviendo al representante independiente y «responsable» sobre el que teorizó Edmund Burke en su célebre discurso a los electores de

Bristol, en 1774. En realidad, estamos pasando al representante o colegio-dependiente o vídeo-dependiente, además de sondeo-dependiente. En suma, la independencia del representante ya no existe desde hace tiempo; y el paso de «depender del partido» a otras formas de dependencia no tiene por qué constituir un progreso. El representante liberado del control del partido no tiene porqué ser un representante que funcione mejor, que haga mejor su oficio.

Empecemos por la colegio-dependencia que, puntualizo de nuevo, caracteriza un sistema electoral uninominal que se desarrolla dentro de un sistema débil de partidos. En tal caso, es verdad —como se viene diciendo y aceptando desde hace tiempo en Estados Unidos— que *all politics is local*, que al final toda la política se resuelve en política local. Ya que, cuando hay democracia, hay siempre política local, es decir, personas elegidas que quieren satisfacer los deseos y los intereses de sus electores. Esto no da lugar o no debería dar lugar a que *toda* la política sea local. Porque en tal caso, la colegio-dependencia ya no es un «servir a la localidad», digamos, fisiológico; sino que se convierte en un patológico *servir a todos*, lo que acarrea graves consecuencias. Es cierto que se podría argumentar que la colegio-dependencia es un incremento del demo-poder.

Pero, atención, el *demos* en cuestión no es todo el pueblo en su conjunto. Es, en cambio, una mezcla de «pequeños pueblos» fragmentados y cerrados en sus pequeños horizontes locales.

Este supuesto progreso democrático transforma el parlamento en una constelación de intereses particulares en conflicto, en un anfiteatro de representantes convertidos en mandatarios, cuyo mandato es llevar el botín a casa. De este modo, cuanto más local se hace la política, más desaparece la visión y la búsqueda del interés general, del bien de la comunidad. Y así, la política se transforma en un juego nulo y también en un juego negativo: una operación en la que todo son pérdidas.

¿Cuáles son las culpas de la televisión en el aumento del localismo? Aunque este desarrollo depende de múltiples factores, uno de ellos, y seguramente de peso, es que la televisión tiende a concentrarse en noticiarios locales (*vid. supra*, págs 82 y sigs. e *infra*, págs. 117 y sigs.).

Junto a la colegio-dependencia del representante he mencionado la vídeo-dependencia. Esta vídeo-dependencia tiene numerosos aspectos; pero el más importante me parece éste: que los políticos cada vez tienen menos relación con acontecimientos genuinos y cada vez se relacionan más con «acontecimientos mediáticos», es decir, acontecimientos seleccionados por la vídeo-visibilidad y que después son agrandados o distorsionados por la cámara. Esta reacción ante los acontecimientos mediáticos es especialmente grave en política internacional. El presidente Reagan se lanzó a la historia del Irangate porque cada noche veía llorar en la televisión a los padres de los rehenes. El caso de Somalia es emblemático. ¿Por qué intervenir en Somalia y no en otros países africanos que también pasan hambre, y padecen conflictos tribales y sanguinarios por culpa de los «señores de la guerra»? Somalia ha sido una gran *battage* televisiva; después, se apagaron los focos y de Somalia no se acuerda nadie, ni nadie nos cuenta que allí todo está como antes. Sabíamos, o deberíamos saber, que si nos enfrentamos a una organización de bandidos, o éstos son eliminados o el enfrentamiento ha sido inútil. Pero la televisión «montó» una intervención sólo humanitaria, para luchar contra el hambre y basta. Somalia no podía ser más que un fracaso; un fracaso que la televisión nunca ha explicado, ni ayudado a entender.

Otro aspecto importante de la política vídeo-plasmada es no sólo que la televisión ha llegado a ser la autoridad cognitiva más importante de los grandes públicos (*vid. supra*, pág. 71), sino que al mismo tiempo atribuye un peso desconocido y devastador a los *falsos testimonios*. Con la televisión las autoridades cognitivas se convierten en divos del cine, mujeres hermosas, cantantes, futbolistas, etcétera, mientras que el experto, la autoridad cognitiva competente (aunque no siempre sea inteligente) pasa a ser una *quantité négligeable*. Y sin embargo, es una clara evidencia que los «testimonios» que realmente son útiles provienen sólo de las personas adiestradas en los asuntos de los que hablan. Un músico sabe de música, un matemático de matemáticas, un poeta de poesía, un futbolista de fútbol, y un actor de interpretación. Como ciudadanos también ellos tienen el derecho a expresar opiniones sobre política; pero no opiniones acreditadas a las que se les debe dar un significado o valor especial. En cambio, la vídeo-política atribuye un peso absolutamente desproporcionado, y a menudo aplastante, a quien no representa una «fuente autorizada», a quien no tiene ningún título de *opinion maker*. Esto representa un pésimo servicio a la democracia como gobierno de opinión.

El último aspecto de la vídeo-política que trataremos aquí es que la televisión favorece —voluntaria o involuntariamente— la *emotivización* de la política, es decir, una política dirigida y reducida a episodios emocionales. He explicado ya que lo hace contando una infinidad de historias lacri-mógenas y sucesos conmovedores. Lo hace tam-bién a la inversa, decapitando o marginando cada vez más las «cabezas que hablan», las *talking heads* que razonan y discuten problemas. La cuestión es que, en general, la cultura de la imagen creada por la primacía de lo visible es portadora de men-sajes «candentes» que agitan nuestras emociones, encienden nuestros sentimientos, excitan nuestro sentidos y, en definitiva, nos apasionan.

Apasionarse es implicarse, hacer participar, crear sinergias «simpáticas» (en el significado etimológico del término: *sympàtheia*, conformi-dad de *pathos*). Apasionarse está bien cuando se hace en su momento y en su lugar, pero fuera de lugar es malo. El saber es *logos*, no es *pathos*, y para administrar la ciudad política es necesario el *logos*. La cultura escrita no alcanza este grado de «agitación». Y aun cuando la palabra tam-bién puede inflamar los ánimos (en la radio, por ejemplo), la palabra produce siempre menos conmoción que la imagen. Así pues, la cultura de la imagen rompe el delicado equilibrio entre pasión y racionalidad. La racionalidad del *homo sapiens* está retrocediendo, y la política emotiviza-da, provocada por la imagen, solivianta y agrava los problemas sin proporcionar absolutamente ninguna solución. Y así los agrava.

LA ALDEA GLOBAL

La expresión «aldea global» la acuñó acerta-
damente McLuhan (1964,1968), el primer autor
y el que mejor nos hizo comprender el significado de la era televisiva. El término es acertado,
aunque ambiguo, y tal vez debe su éxito precisamente a su ambigüedad.

Comencemos por el significado de «global».
La televisión tiene potencialidades globales en el
sentido que anula las distancias visuales: nos hace
ver, en tiempo real, acontecimientos de cualquier
parte del mundo, ¿pero qué acontecimientos?
McLuhan consideraba que la televisión intensifi-
caría al máximo las responsabilidades del género
humano, en el sentido de responsabilizarnos de
todo y en todo. Si fuera así, «en todo» es limita-
dísimo, y ser responsable de todo es demasiado.

Como ya he recordado, la cámara de televisión no llega a la mitad del mundo, lo que significa que existe un mundo oscurecido y que la

televisión incluso consigue que nos olvidemos de él.

Otro gran factor limitador es el coste. Al periódico que recibe sus noticias de una agencia, saber lo que sucede en el mundo no le cuesta nada o, en cualquier caso, poquísimo, pero desplazar a una *troupe* televisiva cuesta muchísimo. Por este criterio, noventa y nueve de cada cien acontecimientos no se nos muestran. Un criterio del que entiendo la fuerza contable, pero que maximiza la precariedad y la arbitrariedad de las informaciones que de ello resultan. A fin de cuentas, la televisión «global» está de diez a veinte veces más ausente en lo que se refiere a la cobertura del mundo que el periódico. Y si es verdad que la imagen abre una ventana hacia el mundo, algo que la descripción escrita no puede igualar (en eficacia), es asimismo cierto que la decisión sobre las ventanas que se deben abrir está al margen de todo criterio.

Por otra parte, «cualquier lugar del mundo» no tiene sólo un valor de hecho, tiene además un valor potencial y psicológico. El ciudadano global, el ciudadano del mundo, «se siente» de cualquier lugar y, así pues, está dispuesto a abrazar causas de toda naturaleza y de todas partes. En *No Sense of Place*, Joshua Meyrowitz (1985) plantea este tema con minuciosidad. Según él, nuestra proyección hacia el mundo nos deja «sin sentido de lugar». Para Meyrowitz, la televisión fusiona «comunidades distintas» y de este modo «hace de cualquier causa o cuestión un objeto válido de interés y de preocupación para cualquier persona del mundo». De hecho, ya no hay causa, por descabellada que sea, que no pueda apasionar e implicar a personas del mundo entero. A principios de 1997, América se movilizó para salvar a un perro labrador (llamado Prince) de la «ejecución» por inyección. El propietario propuso su deportación, y el veterinario (que se sentía «verdugo») se negó a «ajusticiarlo». En 1988 vimos, durante varios días, a dos ballenas aprisionadas por los hielos, salvadas metro a metro por sierras eléctricas, después por helicópteros y, finalmente, por un rompehielos; en definitiva, es la típica creación televisiva de un acontecimiento. Y como las cuestiones extrañas son noticia, nos vemos implicados en grupos que reivindican los derechos (esta vez realmente «naturales») de los animales, la prohibición de desnudarse (incluso para las estatuas) y, por qué no, el regreso del mosquito por el bien del equilibrio ecológico. ¿Responsabilidad o extravagancia? Se puede objetar que la televisión no globaliza sólo las extravagancias. La trágica muerte de lady Diana, en la flor de la juventud y de la belleza, ha conmovido y unido en el dolor a dos mil millones de espectadores de todo el mundo; lo que nos enfrenta a un «acontecimiento mediático» que apela a una sensibilidad humana común. Sí; pero me asusta lo desproporcionado del caso (incluida la proporción de verdad); es un acontecimiento montado por los medios de comunicación, y que sólo por ello entrará en la historia. Sea como fuere, y volviendo al hilo de mi discurso, la cuestión es que —en la noción de aldea global— «cualquier lugar del mundo» y «mi tierra», ser un apátrida o un paisano, el mundo o la aldea, se amalgaman entre sí. Antes de aventurar una respuesta desplacemos la atención hacia la aldea.

Mi idea de la aldea de McLuhan es la siguiente: la televisión fragmenta el mundo en una miríada de aldeas reduciéndolo, a la vez, a *formato aldea*. La televisión, decía, «aldeaniza», y no es una metáfora. El mundo visto en imágenes es necesariamente un mundo de primeros planos: algunas caras, un grupo, una calle, una casa. Por tanto, la unidad foto-aprehensible es, al máximo, la aldea, el conglomerado humano mínimo. De hecho, como ya hemos visto, la vídeopolítica tiende a reforzar el localismo. En todas partes se consolida una valoración convergente de la localidad, de «mi lugar». Los que se sienten proyectados en el mundo, los ciudadanos del orbe, o son grupos marginales o —cuando son muy numerosos— uniones momentáneas que se apasionan, con la misma facilidad con la que se enfrían, abrazando causas errantes y extravagantes.

¿Cuál es, entonces, la unión entre mundo y aldea? Yo creo que la jerarquía de las pertenencias, por llamarla de algún modo, es concreta. A tiempo perdido, o para matar el tiempo, estamos dispuestos a abrazar causas errantes y lejanas. Pero en cuanto estas causas lejanas nos afectan al bolsillo y en primera persona, entonces la defensa de lo «mío» se hace paroxística, la pequeña patria prevalece y el localismo no se atiene a razones.

La alternativa de este escenario es la «nación de tribu» proyectada por Nimmo y Combs y fundada en la posibilidad de «separarse y aislarse en función de grupos de ficción a los que nos afiliamos. El resultado es una nación de tribus, de personas que se relacionan sólo con afiliados con los que están de acuerdo [...] y permanecen completamente ignorantes [...] de la múltiple realidad de los "otros"» (1983, pág. 218).

Este escenario alternativo prefigura el mundo que actualmente está estructurado por Internet;

pero también se aplica —mantengo— a grupos marginales y/o a «grupos de emociones» (fijas o fijadas). Y en ambos casos la cosa acaba en que entre el *no place* y el *my place*, o bien cuando nos encerramos en tribus transversales de ficción, desaparece la «gran patria» —sea nación o Estado— a la que siempre le reclamamos protección.

Debemos destacar que cuanto se ha dicho anteriormente no se contradice en modo alguno con la constatación de que la televisión está homogeneizando los modelos de vida y los gustos en todo el mundo. Esta homogeneización es innegable (aunque aún hay que calificarla), pero no modifica el problema planteado por el localismo y la aldeización. Podemos ser iguales en gustos, estilos de vida, ambiciones, criterios de éxito y otras cosas, y, a la vez, estar fragmentados. Más aún, la homogeneización podría acentuar el conflicto entre nuestra aldeas. Ya que el odio es posible incluso entre hermanos. Cuando nos sensibilizamos ante las mismas cuestiones pretendemos —por ejemplo— que basura, industrias contaminantes, prisiones, se instalen o se desplacen a cualquier otra localidad. Como son necesarias, hay que encontrarles un lugar; pero no en el nuestro. Repito: cuando nos enfrentamos a un problema concreto, la aldea triunfa y se desvanece la idea de ser de cualquier lugar del mundo.

En conclusión, ¿la televisión promueve una mente «empequeñecida» (aldeanizada) o una mente «engrandecida» (globalizada)? No hay contradicción en la respuesta: a veces una y a veces otra, pero a condición de que no colisionen, porque si lo hacen, entonces prevalecerá la mente empequeñecida, la *narrow mindedness*.

4

EL *DEMOS* DEBILITADO

Democracia quiere decir, literalmente, «poder del pueblo», soberanía y mando del *demos*. Y nadie pone en cuestión que éste es el principio de legitimidad que instituye la democracia. El problema siempre ha sido de qué modo y qué cantidad de poder transferir desde la base hasta el vértice del sistema potestativo. Una cuestión es la titularidad y otra bien diferente es el ejercicio de poder. El pueblo soberano es titular del poder. ¿De qué modo y en qué grado puede ejercitarlo?

Para responder debemos volver a la opinión pública (*vid. supra*, págs. 69-72) y a la cuestión de lo que sabe o no sabe. Ya he expresado mi malestar sobre el hecho de que los sondeos de opinión no verifiquen la consistencia de las opiniones que recogen. De todos modos sabemos —lo palpamos todos los días— que la mayor parte del público no sabe casi nada de los problemas públicos. Cada vez que llega el caso, descubrimos que la base de información del *demos* es de una pobreza alarmante, de una pobreza que nunca termina de sorprendernos [2].

Se podría pensar que siempre ha sido más o menos así y que, a pesar de ello, nuestras democracias han funcionado. Es cierto. Pero el edificio que ha resistido la prueba es el edificio de la democracia representativa. En ésta, el *demos* ejercita su poder eligiendo a quien ha de gobernarlo. En tal caso, el pueblo no decide propiamente las *issues* —cuál será la solución de las cuestiones que hay que resolver— sino que se limita a elegir quién las decidirá. El problema es que la democracia representativa ya no nos satisface, y por ello reclamamos «más democracia», lo que quiere decir, en concreto, dosis crecientes de *directismo*, de democracia directa. Y así, dos profetillas del momento, los Toffler, teorizan en su «tercera ola» sobre una «democracia semidirecta» [3]. De modo que los referendos están aumentando y se convocan cada vez más a menudo, e incluso el gobierno de los sondeos

[2] Sobre esta pobreza de información *cfr.* Erskine (1962, 1963); Bishop *et al.* (1980); Newman (1986); Erikson *et al.* (1988); Crespi (1989).

[3] *Cfr.* Toffler (1995) un librito introducido por Newt Gingrich

acaba siendo, de hecho, una acción directa, un directismo, una presión desde abajo que interfiere profundamente en el *problem solving*, en la solución de los problemas. Ésta representará una mayor democracia. Pero para serlo realmente, a cada incremento de *demo-poder* debería corresponderle un incremento de *demo-saber*. De otro modo la democracia se convierte en un sistema de gobierno en el que son los más incompetentes los que deciden. Es decir, un sistema de gobierno suicida.

A diferencia de los progresistas del momento, los progresistas del pasado nunca han fingido que no entendían que todo progreso de la democracia —de auténtico poder del pueblo—

—el líder republicano— que se declara entusiasmado por el mismo. Su simplicidad es desarmante (e intelectualmente aterradora). El problema de la representación está resuelto del siguiente modo: la «creciente parálisis de las instituciones representativas significa que muchas de las decisiones que actualmente toman un pequeño número de pseudo-representantes deben ser gradualmente restituidas a los electores. Si nuestros *brokers* no pueden concluir las cuestiones por nosotros, lo tendremos que hacer nosotros solos» (pág. 97). Es como decir que si los hospitales están saturados y los médicos son unos ineptos, la solución es la auto-medicina: el enfermo que sustituye al médico, que se receta las medicinas y se realiza una intervención quirúrgica con la ayuda de un amigo.

dependía de un *demos* «participativo» interesado e informado sobre política. Por eso, desde hace un siglo, nos estamos preguntando cuál es la causa del alto grado de desinterés y de ignorancia del ciudadano medio. Es una pregunta crucial, porque si no hay diagnóstico no hay terapia.

Cuando se libraba la batalla de la ampliación del sufragio, a la objeción de que la mayoría no sabía votar y, por tanto, no era capaz de utilizar este instrumento, se respondía que para aprender a votar era necesario votar. Y a la objeción de que este conocimiento, este aprendizaje, no progresaba, se replicaba que los factores de este bloqueo eran la pobreza y el analfabetismo; de lo cual no se podía dudar. Por otra parte, nos encontramos ante el hecho de que la reducción de la pobreza y el fuerte incremento de la alfabetización no han mejorado gran cosa la situación.

Se entiende que la educación es importante. Pero también es fácil comprender por qué un crecimiento *general* del nivel de instrucción no comporta por sí mismo un incremento *específico* de ciudadanos informados sobre cuestiones públicas; lo cual equivale a decir que la educación en general no produce necesariamente efecto de arrastre alguno sobre la educación política.

Por el contrario, cada vez más, la educación especializa y nos limita a competencias específicas. Aunque, en hipótesis, tuviéramos una población formada por licenciados, no está claro que por ello habría un incremento relevante de la parte de población que se interesa y especializa en política. Y, si fuera así, el problema quedaría tal y como está. Pues un químico, un médico o un ingeniero no tienen una competencia política que los distinga de quien no la tiene. Sobre cuestiones políticas dirán las mismas trivialidades o necedades que puede decir cualquiera. Pero concretemos aún más.

Hasta ahora no he insistido sobre la distinción entre *información* y *competencia cognoscitiva*. Es, no obstante, una distinción esencial. El hecho de que yo esté informado sobre astronomía no me convierte en astrónomo; no por estar informado sobre economía soy economista; y que yo posea información sobre física no me transforma en físico. Análogamente, cuando hablamos de personas «políticamente educadas» debemos distinguir entre quien está informado de política y quien es cognitivamente competente para resolver los problemas de la política. A esta distinción le corresponden grandes variaciones entre las dos poblaciones en cuestión. Es comprensible que los porcentajes dependan de *cuánta* información y *qué* cognición se consideren respectivamente suficientes y adecuadas. Pero, en Occidente, las personas políticamente informadas e interesadas giran entre el 10 y el 25 por ciento del universo, mientras que los competentes alcanzan niveles del 2 ó 3 por ciento[4].

Obviamente, lo esencial no es conocer exactamente cuántos son los ciudadanos informados que siguen los acontecimientos políticos, con respecto a los competentes que conocen el modo de resolverlos (o que saben que no lo saben); lo importante es que cada maximización de democracia, cada crecimiento de directismo requiere

[4] En Estados Unidos, por ejemplo, las cadenas de televisión reducen al mínimo las *world news*, las llamadas noticias del mundo, porque sus datos indican que, como máximo, le interesa la política a un 10-15 por ciento de la audiencia (Ranney, 1990, pág. 199). *Time* y *Newsweek*, los semanarios americanos de masas, que incluyen secciones políticas, llegan sólo al 5 por ciento de la población. La televisión por cable que ofrece sólo noticias (políticas y no políticas) raramente sobrepasa el 1 por ciento de audiencia. Por último, los periódicos dedican por término medio sólo el 4 por ciento de su espacio a las noticias de naturaleza política (*cfr.* Newman, 1986, págs. 134-139). Frente a estos datos es realmente difícil entender que la doctrina «políticamente correcta» pueda sostener que el electorado americano está más informado y es más «sofisticado» que antes, o en cualquier caso de lo que uno pudiera pensar (*cfr.* Marcus y Hanson, eds., 1993, *passim*).

que el número de personas informadas se incremente y que, al mismo tiempo, aumente su competencia, conocimiento y entendimiento. Si tomamos esta dirección, entonces el resultado es un *demos potenciado*, capaz de actuar más y mejor que antes. Pero si, por el contrario, esta dirección se invierte, entonces nos acercamos a un *demos debilitado*. Que es exactamente lo que está ocurriendo.

Entretanto, es toda la educación[5] la que está decayendo y la que se ha deteriorado por el 68 y por la torpe pedagogía en auge. En segundo lugar y, específicamente, la televisión empobrece drásticamente la información y la formación del ciudadano. Por último, y sobre todo (como venimos diciendo en todo este trabajo), el mundo en imágenes que nos ofrece el vídeo-ver desactiva nuestra capacidad de abstracción y, con ella, nuestra capacidad de comprender los problemas y afrontarlos racionalmente. En estas condiciones, el que apela y promueve un *demos* que se autogobierne es un estafador sin escrúpulos, o un simple irresponsable, un increíble inconsciente.

[5] Es importante recordar que educar viene de *educere*, sacar hacia fuera; un sacar hacia fuera que valoriza en el hombre sus potencialidades de ser razonante y, en última instancia, racional.

Y, sin embargo, es así. Estamos acosados por pregoneros que nos aconsejan a bombo y platillo nuevos mecanismos de consenso y de intervención directa de los ciudadanos en las decisiones de gobierno, pero que callan como momias ante las premisas del discurso, es decir, sobre lo que los ciudadanos saben o no saben de las cuestiones sobre la cuales deberían decidir. No tienen la más mínima sospecha de que éste sea el verdadero problema. Los «directistas» distribuyen permisos de conducir sin preguntarse si las personas saben conducir[6].

De modo que la visión de conjunto es ésta: mientras la realidad se complica y las complejidades aumentan vertiginosamente, las mentes se simplifican y nosotros estamos cuidando —como ya he dicho— a un vídeo-niño que no crece, un adulto que se configura para toda la vida como un niño recurrente. Y éste es el mal camino, el malísimo camino en el que nos estamos embrollando.

Debemos añadir, por último, que actualmente nos encontramos ante un *demos* debili-

---

[6] Su argumento es éste: si consideramos que el elector es capaz de elegir entre varios candidatos, ¿por qué no podría ser capaz de decidir sobre las cuestiones? Como ya hemos visto, la respuesta es que la diferencia entre las dos cosas es enorme.

tado no sólo en su capacidad de entender y de tener una opinión autónoma, sino también en clave de «pérdida de comunidad». Robert Putnam ha documentado ampliamente el hecho de que en Estados Unidos está empezando a producirse una erosión del «capital social» [7] entendido como *social connectedness, neighborliness* y *social trust*, es decir, como vínculos de vecindario. Los datos de Putnam ya no me convencen demasiado, pero es cierto que estar frente a la pantalla nos lleva a encerrarnos, a aislarnos en casa. La televisión crea una «multitud solitaria» incluso entre las paredes domésticas. Lo que nos espera es una *soledad electrónica*: el televisor que reduce al mínimo las interacciones domésticas, y luego Internet que las transfiere y transforma en interacciones entre personas lejanas, por medio de la máquina. También en este sentido es difícil estar peor de lo que estamos en cuanto a una democracia cuyo *demos* debería administrar *participando* un sistema de demo-poder. Y si esto no nos preocupa, tal vez sea porque estamos ya en la edad del postpensamiento.

[7] «Capital social» es un concepto estudiado por Coleman (1990). Hace mucho tiempo (*cfr.* Sartori, 1979, págs. 145-150) yo ofrecí una noción paralela: «capital axiológico».

Siempre se le ha atribuido a la prensa, a la radio y a la televisión un especial significado democrático: una difusión más amplia de información y de ideas. Pero el valor democrático de la televisión —en las democracias[8]— se va convirtiendo poco a poco en un engaño: un demo-poder atribuido a un *demos* desvirtuado. «El hecho de que la información y la educación política estén en manos de la televisión [...] representa serios problemas para la democracia. En lugar de disfrutar de una democracia *directa*, el *demos* está *dirigido* por los medios de comunicación» (Ionescu, 1993, pág. 234). No es sólo una cuestión de «malnutrición informativa», sino que además «quienes seleccionan las informaciones se con-

---

[8] El discurso es diferente en cuanto a las democracias *in fieri*, y a la fuerza liberadora de la televisión en la erosión de los sistemas represivos. Por ejemplo, no cabe duda de que la televisión ha precipitado la crisis de los regímenes comunistas. Pero éste es un mérito coyuntural. En el caso de los sistemas comunistas, la televisión occidental dio la posibilidad de comparar un mundo pobre con el mundo de los países opulentos. Y una religión en la que ya no cree nadie y sin Dios se puede destruir fácilmente. Pero con respecto a las teocracias islámicas la televisión occidental es impotente y no tiene ninguna influencia. Por el contrario, en manos de los ayatolás fundamentalistas, la televisión se transforma en un formidable instrumento de fanatización y de proselitismo antidemocrático.

vierten en administradores del dominio simbólico de las masas. Es suficiente con aumentar o
reducir ciertas dosis de imágenes o de noticias
para que se adviertan las consecuencias de las
técnicas de nutrición adoptadas» (Fisichella,
1995-1996, pág. 68).

Al final, el poder pasa al Gran Hermano
electrónico. Negroponte (1995, pág. 47) lo explica del siguiente modo: «El futuro será nada
más y nada menos que industria electrónica. Se
dispondrá de una inmensa memoria que producirá un inmenso poder [...]. Se mire como se
mire, será el poder del ordenador». Sí, pero hay
que añadir algo importante: los ordenadores no
son entidades metafísicas; son máquinas utilizadas por personas de carne y hueso. Negroponte
sobrevuela, pues, sobre el Gran Hermano. Que
no será —es cierto— un Gran Hermano en sin-
gular. Lo cual no será óbice para que la «tecnó-
poli» digital sea utilizada por una raza patrona
de pequeñísimas *élites*, de tecno-cerebros altamente dotados, que desembocará —según las
previsiones de Neil Postman (1985)— en una
«tecnocracia convertida en totalitaria» que plasma todo y a todos a su imagen y semejanza.

5

REGNUM HOMINIS Y HOMBRES BESTIAS

El primer filósofo que entendió el poder que la ciencia ofrece al hombre fue, a principios del XVII, Francis Bacon. En su utopía, *Nueva Atlántida*, Bacon imaginaba un paraíso de la técnica, un enorme laboratorio experimental y preveía un *regnum hominis* en el que el saber científico le daría al hombre el poder de dominar la naturaleza. Así ha sido. Pero el saber científico es todo un saber abstracto fundado en un pensamiento en conceptos[9]. Sólo con el acto de ver no ha nacido ciencia alguna. Por tanto, en la óptica baconiana la era del *regnum hominis* está en el ocaso. Ya no tenemos un hombre que «reina» gracias a la tecnología inventada por él, sino

---

[9] La cuestión no cambia con la matematización de las ciencias exactas. También en este caso la matematización afronta problemas que son planteados por la teoría (lógica y conceptual) que precede a la cuantificación.

más bien un hombre sometido a la tecnología, dominado por sus máquinas. El inventor ha sido aplastado por sus inventos.

En 1909, E. M. Forster escribió *The Machine Stops*, la máquina se detiene. Forster imaginaba con un siglo de anticipación un mundo en el cual una red electrónica nos conectaba a todos, un mundo en el que todos se encerraban y aislaban en sus casas, mientras se comunican constantemente. Y el héroe de la historia denuncia esta locura y dice: «la máquina funciona [...] pero no para nuestros fines». Después la máquina se rompe y con ella el mundo entero. ¿Quién puede decir que las predicciones nunca se cumplen?

El núcleo en torno al cual todo se imbrica es el hombre como animal racional. En este trabajo, he insistido en la noción de animal simbólico porque no postulo que el hombre *sea* un animal racional. Su racionalidad presupone un lenguaje lógico (no sólo un lenguaje emotivo: *cfr.* Sartori, 1979, págs. 12-13) y un pensamiento abstracto que se desarrolla deductivamente, de premisa a consecuencia. Por consiguiente, nuestra racionalidad es una potencialidad y, asimismo, un *tener que ser*, difícil de lograr y fácil de perder; es sólo una parte de nuestro ser. Pero es la condición *sine qua non*, la condición imprescindible, la condición necesaria. Y, sin embargo, el *animal racional* está siendo atacado profundamente, más de cuanto lo haya estado nunca. La llamada filosofía postmoderna (estamos siempre superándolo todo, y por ello tenemos siempre un *post* que desdice el que existía antes) va rencorosamente al asalto de la «verdad», erigida —de modo engañoso y artificioso— en una concepción monolítica. Y el clima cultural más apoyado por los medios de comunicación consiste en atacar al modelo «elitista», abyecto y superado, del hombre racional occidental.

Hoy día, quien resiste esta andanada —que es la andanada del postpensamiento— está claramente en apuros, o cuanto menos a la defensiva. Hay quien teoriza sobre una racionalidad debilitada y hay quien finge que todavía subsiste una racionalidad aun cuando no exista. Es cierto que para quien se ocupa de la democracia y se precocupa por ella es difícil predicar un anti-racionalismo o un irracionalismo. Por tanto, en teoría política la solución la encontramos en postular que el elector es racional por definición. En efecto, si la racionalidad del elector y, por consiguiente, la del ciudadano, consiste en «elecciones que maximizan la utilidad percibida», de esta definición (que es la de uso) se deduce que el elector es siempre racional, dado que persigue siempre la obtención del propio interés. Si no lo hiciera así, si por ejemplo votase por ideales «desinteresados», es entonces cuando sería irracional.

El defecto del argumento es que no hay racionalidad alguna en una elección que maximiza la utilidad *percibida*. Mis intereses los puedo plantear mal o sólo a corto plazo. Los utilitaristas clásicos, desde Bentham a Mill, distinguían entre la utilidad bien entendida y la utilidad mal entendida: la utilidad «racional» era sólo la primera. Un elector racional es, entonces, un elector que sabe elegir la utilidad bien entendida. Esto replantea desde cero el problema que interrumpe la «racionalidad por definición». Por ejemplo, lo que me sería más útil inmediatamente es cobrar sin trabajar. Pero esta percepción de mi interés es a cortísimo plazo, y enseguida se convierte en una utilidad mal entendida, catastrófica para todos. No nos hagamos los tontos: racionalidad es formular una pregunta racional a la que sabemos dar una respuesta racional; y si no es así, no lo es. Puesto que el elector vota sólo por su propio interés, incluso así para ser racional debe dominar el problema de entender inteligentemente la utilidad que persigue.

El animal racional —vengo observando— o es despreciado o es salvado nominalmente. No menciono la tercera alternativa. Para los profetas del mundo digital y de la cibernavegación el hecho de que los usuarios en la red, o de la red, sean seres racionales no tiene la más mínima importancia. Estos profetas saben muy poco de racionalidad; y además ofrecen algo a cambio: una libertad casi infinita. Ésta es la nueva cantinela. Ya que entre televisión, Internet y ciberespacio, las opciones que se abren ante los cibernautas son, o serán, centenares, miles, millones: tantas que es imposible contarlas. Ni siquiera tendremos que buscar los programas o las informaciones que queramos; lo hará por nosotros el *navigator* (el navegador). Así pues, el individuo podrá fácilmente atender cualquier curiosidad o interés.

¿Hay algún modo mejor de ser más libre mentalmente? Si Negroponte y sus seguidores hubieran leído algo, sabrían que Leibniz definió la libertad humana como una *spontaneitas intelligentis*, una espontaneidad de quien es inteligente, de quien se caracteriza por *intelligere*. Si no se concreta así, lo que es espontáneo en el hombre no se diferencia de lo que es espontáneo en el animal, y la noción de libertad ya no tendría sentido.

Para ir al núcleo de la cuestión debemos preguntarnos ahora: ¿libertad de qué y para

qué? ¿De hacer *zapping* (cambiar constantemente de canales)? El vídeo-niño, siendo niño,
se siente irresistiblemente atraído por el juego.
Nuestra «libre participación activa» termina, o
corre el riesgo de terminar, del siguiente modo:
los locuaces acabarán por obstruir Internet con
su necesidad de expresarse (sus *graffiti*), y los
demás se dedicarán a los videojuegos, al vídeo-
jugar. Es verdad que el vídeo-niño podría preguntar y saber cuántos discursos pronuncia el
Papa cada día. Pero esto no le interesa y ni tan
siquiera sabe quién es el Papa.

La verdad es que los digigeneracionales dicen libertad pero en realidad quieren decir (y es
la única cosa de la que entienden) cantidad y velocidad: una cantidad creciente, cada vez más
grande de *bites* y una velocidad de elaboración y
transmisión cada vez mayor. Pero cantidad y velocidad no tienen nada que ver con libertad y
elección. Al contrario, una elección infinita e
ilimitada es una fatiga infinita y desproporcio-
nada. La desproporción entre el producto que
se ofrece en la red y el usuario que lo debería
consumir es colosal y peligrosa. Corremos el
riesgo de asfixiarnos en una exageración de la
que nos defendemos con el rechazo; lo que nos
deja entre la exageración y la nada. El exceso de
bombardeo nos lleva a la atonía, a la anomia, al

rechazo de la indigestión: y de este modo, todo termina, en concreto, en una nimiedad.

Un aspecto ulterior de nuestro nuevo modo de ser y vivir es la creciente y omnipresente *artificialización*. El homínido del Pleistoceno es ya un hombre porque está dotado de manos prensiles, con las que puede realizar numerosas acciones y que lo habilitarán para llegar a ser *homo habilis* y *homo faber*. Paradójicamente, al hombre de hoy la prensilidad prácticamente ya no le sirve. El *homo prensilis* se atrofia en el *homo digitalis*. En la edad digital nuestro quehacer se reduce a pulsar botones de un teclado. Así vivimos encerrados sin ningún contacto auténtico con la realidad, con el mundo real. La «hiper mediatización» (es la tesis de Gehlen, 1990) nos priva de experiencias *nuestras*, experiencias de primera mano y nos deja a merced de experiencias de segunda mano. Lo cual tiene graves consecuencias. Pues cada uno de nosotros sólo comprende de verdad las cosas sobre las que tiene una experiencia directa, una experiencia personal. No hay libro, ni discurso, ni representación que pueda hacer las veces de nuestro propio error. Para aprender a nadar hay que tirarse al agua.

La fórmula de Giambattista Vico era que *verum et factum convertuntur*, es decir, que lo verdadero y el acto se transforman el uno en el otro.

Vico nos dice con ello que el hombre sólo puede conocer el propio *hacer*. Es así sobre todo en el sentido más estricto que comentaba anteriormente. Y el núcleo de la cuestión es que en el mundo telemático la mayoría no tiene absolutamente ninguna idea de cómo se realiza el «milagro» del tele-ver y, además, el hombre multimedial ya no hace nada. Su experiencia directa, la que vive personalmente, se limita a pulsar los botones de un teclado y a leer respuestas en una pantalla. Para él no hay aprendizaje dado por el *conocer haciendo*. Vico es también el autor que ha elaborado en su *Ciencia Nueva*, de 1730, «una historia ideal eterna» dividida en tres edades, la primera de las cuales, la edad inicial, está pensada con gran imaginación como una sociedad de «horribles bestias» desprovistas de capacidad de reflexión, pero dotadas de fuertes sentidos y enorme fantasía. Confieso que Vico me parece un autor oscuro y tedioso. Pero recuerdo que cuando me topé con las páginas sobre el «hombre bestia» me reí con toda el alma. Y vuelvo a reír con toda el alma, cuando recuerdo a su bestia paciendo y multiplicándose en el mundo actual. El hombre del postpensamiento, incapaz de una reflexión abstracta y analítica, que cada vez balbucea más ante la demostración lógica y la deducción racional, pero a la vez fortalecido en el sentido del ver (el hombre ocular) y en el

167

fantasear (mundos virtuales), ¿no es exactamente el hombre de Vico? Realmente se le parece.

Se le parece también en la credulidad y en la superstición. El progreso de la ciencia —se nos ha dicho desde la Ilustración en adelante— liberaría al hombre de las creencias irracionales. No obstante, la tecnología, a medida que avanza, está produciendo un hombre incluso más crédulo e «inocentón» que el hombre medieval. ¿Por qué? Porque el hombre medieval tenía creencias absurdas que, sin embargo, estaban delimitadas por una *Weltanschauung*, por una concepción del mundo, mientras que el hombre contemporáneo es un ser deshuesado que «vive sin el sostén de una visión coherente del mundo [...]. En esta ausencia de referencias estables, el hombre [...] cree porque no hay razón alguna para no creer» (Galimberti, 1994). Entonces, no es paradójico que el país que dispone de una mayor ciencia tecnológica, Estados Unidos, sea también el país de mayor credulidad[10] y que más

---

[10] Escribe Gianni Riotta (1997): «Magas, magos, brujos, hechiceras, echadores de cartas, quiromantes y astrólogos invaden los anuncios por palabras; y no se trata de "asuntos de poca monta"; lo oculto "se va introduciendo entre los ricos". No olvidemos que Nancy Reagan no le daba permiso a su marido Ronald para que se reuniera con Gorbachov sin el consentimiento de su astróloga».

abraza cultos de poca monta[11]. ¿Serán salvados y rescatados por el mundo de Negroponte estos «enfermos de vacío»? Es poco verosímil, dado que ellos son el producto.

[11] *Cfr.* Colombo (1983) analiza los nuevos cultos que están proliferando en América (la Iglesia de la Unificación del reverendo coreano Moon, la Iglesia de la Cienciología y grupos que se inspiran en las filosofías orientales para llegar a sectas basadas en la conspiración o la humillación de los individuos). Y comenta el *revival* religioso del siguiente modo: «Los *revivals* tienen una fuerte connotación emotiva y nerviosa y un escaso contenido teológico. Pueden propagarse como un incendio entre millones de personas, porque apelan apasionadamente al aspecto irracional de la fe [...]. Es común a todas ellas el carácter de exaltación [...]. El milagro sustituye a la liturgia» (pág. 29).

6

LA COMPETENCIA NO ES UN REMEDIO

Antes de concluir, volvamos al problema específico de la información política. Todos o casi todos están de acuerdo sobre el hecho del deterioro progresivo de la información televisiva a niveles bajísimos [12]. La «nueva clase» que administra el vídeo-poder se defiende de las acusaciones culpando a los telespectadores. Sí; pero esta defensa demuestra una mala conciencia, ya

---

[12] Empezando por Walter Cronkite, que en su biografía publicada en 1996, *La vida de un reportero*, escribe lo siguiente sobre cuando la CBS lo ascendió a *anchorman* (hombre clave) de su nuevo noticiario en 1963: «En un tiempo efectivo de 21 minutos teníamos que resumir el universo humano de ese día. Era imposible, pero intentábamos realizarlo con seriedad. Actualmente, no lo hace casi nadie: los telediarios agitan al público para aumentar la audiencia». Y comenta: «La televisión no puede ser la única fuente de noticias, no está preparada para ello. Los falsos debates televisivos, los eslóganes, los anuncios publicitarios, los *foto-flash*, todo esto transforma la política en teatro».

que en televisión más que en ningún otro medio es el productor el que produce al consumidor. Si proporciona un volumen suficiente de información crítica sobre noticias del mundo, la audiencia se interesará por el mundo; pero si el mundo desaparece de la pantalla es obvio que el mundo dejará de interesar (ni siquiera, como ya hemos visto, la caída del muro de Berlín). Por tanto, seguir ciegamente a la audiencia y dejarse llevar por una solución de menor resistencia, es dejarse llevar —irresponsablemente— por lo más fácil[13]. ¿Pero como solventar la dificultad?

La respuesta de rigor es que la televisión mejorará cuando de verdad haya un orden plural y competitivo estimulado por la concurrencia de las televisiones privadas. Comprendo que esta respuesta puede ser plausible en países como Italia, monopolizada durante demasiado tiempo por una pésima televisión de Estado controlada por diferentes partidos. Pero en Inglaterra el discurso se invierte: porque allí hay una buena televisión pública, la BBC, que está siendo soca-

---

[13] Debe quedar claro que la cuestión son los telediarios, no los espéctaculos y el entretenimiento. Si en este sentido la búsqueda de la máxima audiencia hace descender los programas al nivel de los espectadores de mínimo nivel (cultural), la defensa o el castigo es que no se vean. Pero no ver el noticiario político no remedia el problema.

vada por una competencia privada puramente comercial de nivel más bajo.

Antes de proclamar que la privatización mejora las cosas, es bueno tener presente que para los grandes magnates europeos de hoy —los Murdoch o los Berlusconi— el dinero lo es todo, y el interés cívico o cultural es nulo. Y lo irónico de esta situación es que Berlusconi y Murdoch, en su escalada hacia los desmesurados imperios televisivos, se venden como «demócratas» que ofrecen al público lo que el público desea, mientras que la televisión pública es «elitista» y ofrece al público la televisión «que debería querer». Molière envidiaría este comportamiento digno de Tartufo. Además, tenemos el hecho de que la televisión privada que más cuenta no mejora, si acaso promete bajar el nivel de los productos televisivos.

Se dirá que las televisiones privadas son una cosa y la competencia es una cosa diferente. Y es cierto, pero en este aspecto América *docet*. Pues si hay un país que nunca ha tenido televisión estatal y en el cual la televisión se ha desarrollado y funciona en condiciones de independencia y de plena competencia, ese país es Estados Unidos. Y sin embargo, Estados Unidos representa, en cuanto a la información política y la formación de la opinión pública, el peor de los casos. ¿Por qué? La perplejidad está justificada desde el momento en que la competencia es considerada por todos como un mecanismo de autocorrección. Según la teoría de la competencia, el consumidor debería castigar la deficiente producción de noticias, exactamente igual que castiga la deficiente producción de frigoríficos y de automóviles. Pero no sucede así, así no es.

Siempre he sostenido que la analogía entre mercado económico y mercado político, entre competencia de productores de bienes y competencia de partidos, es una analogía débil. Pero se diría que la competencia entre los medios de comunicación funciona aún peor que la competencia política —en cuanto a la autocorrección—. Las grandes cadenas de televisión americanas se imitan de un modo excesivo. Graber observa icásticamente (1984, pág. 80) que «los medios de comunicación rivalizan en conformismo». De hecho, ocho de cada diez noticias son las mismas, en todas las cadenas. Como ya he tenido ocasión de destacar (Sartori, 1995, pág. 431), «los supuestos competidores juegan sobre seguro: en lugar de diferenciarse se superponen». Evidentemente, no todas las competencias son iguales en sus resultados «virtuosos». En este sentido, sólo podemos tomar nota del hecho de que la competencia entre los medios de comunicación no produce beneficios concurrentes, sino más bien un deterioro de los productos[14]. Este deterioro tiene numerosas causas, y entre ellas una unidad de medida de la audiencia indiferenciada —Auditel—. Para Auditel, contar con Churchill entre el público tiene el mismo peso que contar con su portero; por tanto, el incremento de la audiencia se consigue en descenso, a la baja, haciendo disminuir a los alfabetizados a los niveles de los analfabetos (si el hecho de perder a un Churchill significa ganar a dos porteros). ¿Qué podemos hacer ante esta situación? No puedo proponer ningún remedio milagroso. Karl Popper (1996) ha escrito que una democracia no puede existir si no se controla la televisión. Comparto sus temores sobre la democracia, sobre todo en el sentido de que la tele-democracia incentiva un directismo suicida que —como ya he dicho— confía la conducción del gobierno de un país a conductores que no tienen permiso de conducir[15]. Pero no veo con claridad cómo puede controlarse la libertad de expresión. Además, el remedio preliminar está siempre, a todos los efectos, en la toma de con-

---

[14] Bill Moyers (1986), uno de los pocos que rechazó el deterioro, lo cuenta así: «[En la CBS] empezaron con el deseo de satisfacer al espectador [...] de atraerlo. Pero enseguida la política fiscal se encontró compitiendo con una oveja de tres patas y ganó la oveja». El declive de las grandes cadenas americanas (ABC, NBC, CBS) lo describe Auletta (1991).

[15] Sin contar que existe el reverso de la moneda, es decir,

ciencia de los problemas y en la determinación de resistir y de reaccionar; y es muy importante reaccionar protestando frontalmente contra la arrogancia y la charlatanería intelectual del negropontismo, de los profetas, o mejor de los gurús, del *brave new world* electrónico[16].

---

que el directismo ejercido por ciudadanos individuales «deliberantes» puede ser fácilmente aplastado por un directismo movilizado por los grupos de presión. El presidente Bush recibía 8.000 mensajes al día; Clinton, su sucesor, ya recibe 20.000. Gracias al correo electrónico, si se enfrentaran los grandes grupos de presión (por ejemplo, la asociación de pensionistas, que reúne a 33 millones de personas), los políticos de Washington podrían ser invadidos, a un coste bajísimo, por millones de mensajes que no expresan ninguna voluntad popular, sino por el contrario, el interés de grupos de interés. Sea como fuere, este directismo produce parálisis. *Cfr.* Rauch (1994), que escribe: «La vulnerabilidad de la democracia hoy reside en la tendencia de los ciudadanos demócratas a formar un número creciente de grupos que piden beneficios siempre mayores que después defienden a muerte» (pág. 19).

[16] Me refiero a la extraordinaria novela satírica y futurista de Aldous Huxley, *Un mundo feliz*, publicada en 1931. En 1959, Huxley «volvía a visitarlo» (en *Nueva visita a un mundo feliz)* y se declaraba sorprendido, e incluso alarmado, de que el mundo que él había imaginado —una sociedad científicamente prefabricada de autómatas felices gracias a la droga (el *noma*) cuya base se apoyaba en perfectos imbéciles (los *Epsilones*)— ya era una realidad (recuerdo que fue en 1959).

Como observa Furio Colombo (1996, pág. 8), a quien intenta comprender las «nuevas comunicaciones» y se pregunta «¿qué pasa por la red? ¿De quién, para quién, y por cuenta de quién?», debemos responder sólo con «sarcasmo y denigración [...], quien está contra nosotros está deformado y es un inadaptado». Y ésta, comenta Colombo, es «una posición que no tiene precedentes en la trayectoria de la ciencia y en la evolución de la tecnología». La expresión «ser digitales [...] es también la definición de un estado de gracia [...]. La gracia o la tienes o no la tienes. ¿Quién no la tiene? Quien no cree en el evangelio del *bit* según Negroponte». Sigo citándolo (no se podría expresar mejor):

> La convicción que se nos quiere inculcar [...] es la siguiente: no hagáis caso a quien pone objeciones a nuestra fe. Las objeciones no cuentan porque no existen antagonistas. Se trata simplemente de los «sin techo» que acampan al margen de la red. De un predicador no se puede querer más. Cómo es posible que tantas personas se dejen hechizar por un nivel de argumentación tan modesto por parte de un perito industrial de la circulación en la red [...] es difícil de explicar.

Acaso no sea tan difícil de explicar, pero de todos modos, es inaceptable.

7

Racionalidad y postpensamiento

El contraste que estoy perfilando entre *homo sapiens* y, llamémoslo así, *homo insipiens* no presupone idealización alguna del pasado. El *homo insipiens* (necio y, simétricamente, ignorante) siempre ha existido y siempre ha sido numeroso. Pero hasta la llegada de los instrumentos de comunicación de masas los «grandes números» estaban dispersos, y por ello mismo eran muy irrelevantes. Por el contrario, las comunicaciones de masas crean un mundo movible en el que los «dispersos» se encuentran y se pueden «reunir», y de este modo hacer masa y adquirir fuerza. En principio va bien; pero en la práctica funciona peor. Y aquí sobre todo entra en juego Internet, que abre un nuevo y gigantesco juego. Pues las autopistas de Internet se abren, mejor dicho, se abren de par en par por primera vez especialmente a las pequeñas locuras, a las extravagancias y a los extraviados, a lo largo de todo el arco que va desde pedófilos (los vicios privados) a terroristas (los flagelos públicos). Y esta apertura es más significativa en tanto en cuanto el hombre reblandecido por la multimedialidad se encuentra desprovisto de elementos estabilizadores y sin raíces «firmes». Así pues, aunque los pobres de mente y de espíritu han existido siempre, la diferencia es que en el pasado no contaban —estaban neutralizados por su propia dispersión— mientras que hoy se encuentran, y reuniéndose, se multiplican y se potencian.

Una vez dicho esto, la tesis de fondo del libro es que un hombre que pierde la capacidad de abstracción es *eo ipso* incapaz de racionalidad y es, por tanto, un animal simbólico que ya no tiene capacidad para sostener y menos aún para alimentar el mundo construido por el *homo sapiens*. Sobre este aspecto, los especialistas en los medios callan a ultranza, y su parloteo sólo nos cuenta la radiante llegada de un «universo en vertiginosa evolución [...] en el que todo individuo y toda realidad están destinados a disolverse y fundirse. El hombre se ha reducido a ser pura relación, *homo communicans*, inmerso en el incesante flujo mediático» (De Matteis, 1995, pág. 37). Sí, *homo communicans*; pero ¿qué comunica? El vacío comunica vacío, y el vídeo-niño o el hombre disuelto en los flujos mediáticos está sólo disuelto.

La verdad —subyacente a los pregones de noticias exageradas que la confunden— es que el mundo construido en imágenes resulta desastroso para la *paideía* de un animal racional y que la televisión produce un efecto regresivo en la democracia, debilitando su soporte, y, por tanto, la opinión pública.

Hoy más que nunca, la gente tiene problemas, pero no posee la solución a esos problemas. Hasta ahora se consideraba que en política la solución de los problemas de la gente había que reclamársela a los políticos (al igual que en medicina hay que pedírsela a los médicos, y en derecho a los abogados). No obstante, el gobierno de los sondeos, los referendos y la demagogia del directismo atribuyen los problemas a los políticos y la solución a la gente. Y en todo ello, la televisión «agranda» los problemas (creando incluso problemas que en realidad no existen, problemas superfluos) y prácticamente anula el pensamiento que los debería resolver.

A esta anulación del pensamiento en clave de postpensamiento me he referido en otras ocasiones, y quisiera aclararlo bien. El ataque a la racionalidad es tan antiguo como la racionalidad misma. Pero siempre ha representado una contrarréplica —desde Aristóteles hasta nosotros—. La fórmula de Tertuliano era: *credo quia*

179

absurdum. Y le respondía y le superaba la *Summa Theologica* de santo Tomás, que destila lucidez lógica. A su modo y de forma diferente, Pascal, Rousseau y Nietzsche han rebatido el *cogito* cartesiano [17]. Pero ellos eran grandes literatos y en sus ataques al *cogito*, formidables pensadores. En definitiva, no eran hombres bestia. Sin embargo, sí lo son los exaltadores de la «comunicación perenne». Lo que ellos proponen no es un verdadero antipensamiento, un ataque demostrado o demostrable al pensamiento lógico-racional; sino, simplemente, una pérdida de pensamiento, una caída banal en la incapacidad de articular ideas claras y diferentes.

El proceso ha sido el siguiente: en primer lugar, hemos fabricado, con los diplomas educativos, una *Lumpenintelligencija*, un proletariado intelectual sin ninguna consistencia intelectual. Este proletariado del pensamiento se ha mantenido durante mucho tiempo al margen, pero a fuerza de crecer y multiplicarse ha penetrado poco a poco en la escuela, ha superado todos los

[17] Pascal con sus *raisons du coeur*; Rousseau reivindicando (especialmente en el *Emilio*) un «hombre natural» incorruptible y centrado en el sentimiento; Nietzsche con una extraordinaria y alucinada exaltación (romántica y antiidealista) de los «valores vitales», de todo lo que es corpóreo, anti-espiritual e irracional.

obstáculos con la «revolución cultural» de 1968 (la nuestra, no la de Mao) y ha encontrado su terreno de cultura ideal en la revolución mediática. Esta revolución es ahora casi completamente tecnológica, de innovación tecnológica. No requiere sabios y no sabe qué hacer con los cerebros pensantes. Los medios de comunicación, y especialmente la televisión, son administrados por la subcultura, por personas sin cultura. Y como las comunicaciones son un formidable instrumento de autopromoción —comunican obsesivamente y sin descanso que tenemos que comunicar— han sido suficientes pocas décadas para crear el *pensamiento insípido*, un clima cultural de confusión mental y crecientes ejércitos de nulos mentales.

Entonces, el punto no es tanto que encontremos un nutrido número de autores famosos que ataquen la racionalidad. El problema es sobre todo que la relación entre *mainstream* y corrientes secundarias, entre réplica y contrarréplica, ha dado la vuelta. Actualmente, proliferan las mentes débiles, que proliferan justamente porque se tropiezan con un público que nunca ha sido adiestrado para pensar. Y la culpa de la televisión en este círculo vicioso es que favorece —en el pensamiento confuso— a los estrambóticos, a los excitados, a los exagerados y a los charlatanes. La televisión premia y promueve la extravagancia, el absurdo y la insensatez. De este modo refuerza y multiplica al *homo insipiens*.

En una novela de ciencia-ficción cuyo título no recuerdo —hace muchísimos años de ello—, los marcianos habían conquistado la tierra y quedaba sólo un último reducto de defensores humanos asediado por fuerzas destructoras. En el último ataque el comandante dirigió una mirada de despedida a sus hombres, y se dio cuenta de que también ellos eran marcianos. Cierto. El postpensamiento triunfa y esto quiere decir que nosotros también estamos ya muy marcianizados. La ignorancia casi se ha convertido en una virtud, como si se restableciera a un ser primigenio incontaminado e incorrupto; y con el mismo criterio, la incongruencia y el apocamiento mental se interpretan como una «sensibilidad superior», como un *esprit de finesse*, que nos libera de la mezquindad del *esprit de géométrie*, de la aridez de la racionalidad. Lo malo es que como el marciano no sabe nada, absolutamente nada de todo esto, para él la pérdida del espíritu de geometría no comporta la adquisición del espíritu de finura. Y, sin embargo, los marcianos de la novela habían pasado por el *regnum hominis*. Y aunque numerosas civilizaciones han desaparecido sin dejar huella, el hombre occidental ha superado la caída, verdaderamente «baja», de la baja Edad Media. La superó y volvió a resurgir, en virtud de su *unicum* que es su infraestructura o armadura lógico-racional. Pero aunque no desespero, tampoco quiero ocultar que el regreso de la incapacidad de pensar (el postpensamiento) al pensamiento es todo cuesta arriba. Y este regreso no tendrá lugar si no sabemos defender a ultranza la lectura, el libro y, en una palabra, la cultura escrita.

No es verdad —como da a entender la ramplonería de los multimedialistas— que la pérdida de la cultura escrita esté compensada por la adquisición de una cultura audio-visual. No está claro que a la muerte de un rey le suceda otro: también podemos quedarnos sin rey. Una falsa moneda no compensa la moneda buena: la elimina. Y entre cultura escrita y cultura audio-visual hay sólo contrastes. Como observa con agudeza Ferrarotti (1997, págs. 94-95), «la lectura requiere soledad, concentración en las páginas, capacidad de apreciar la claridad y la distinción»; mientras que el *homo sentiens* (el equivalente ferrarottiano de mi *homo videns*) muestra características totalmente opuestas:

La lectura le cansa [...]. Intuye. Prefiere el significado resumido y fulminante de la imagen sintética.

Ésta le fascina y lo seduce. Renuncia al vínculo lógico, a la secuencia razonada, a la *reflexión* que necesariamente implica el regreso a sí mismo [...]. Cede ante el impulso inmediato, cálido, emotivamente envolvente. Elige el *living on self-demand*, ese modo de vida típico del infante que come cuando quiere, llora si siente alguna incomodidad, duerme, se despierta y satisface todas sus necesidades en el momento.

El retrato me parece perfecto. La cultura audio-visual es «inculta» y, por tanto, no es cultura [18].

Decía que para encontrar soluciones hay que empezar siempre por la toma de conciencia. Los padres, aunque como padres ya no son gran cosa, se tendrían que asustar de lo que sucederá a sus hijos: cada vez más almas perdidas, desorientados, anómicos, aburridos, en psicoanálisis, con crisis depresivas y, en definitiva, «enfermos de vacío». Y debemos reaccionar con la escuela y en la escuela. La costumbre consiste en llenar las aulas de televisores y *procesadores*. Y deberíamos, en cambio, vetarlos (permitiéndoles solamente el adiestramiento técnico, como se haría con un

[18] *Vid. supra*, pág. 39, donde distingo entre significado antropológico y significado valorativo del concepto de cultura.

curso de dactilografía). En la escuela los pobres niños se tienen que «divertir». Pero de este modo no se les enseña ni siquiera a escribir y la lectura se va quedando cada vez más al margen. Y así, la escuela consolida al vídeo-niño en lugar de darle una alternativa. Sucede lo mismo con los periódicos: imitan y siguen a la televisión, aligerándose de contenidos serios, exagerando y voceando sucesos emotivos, aumentando el «color» o confeccionando noticias breves, como en los telediarios. Al final de este camino se llega a «USA Today», el más vacío de los noticiarios de información del mundo. Los periódicos harían mejor si dedicaran cada día una página a las necedades, a la fatuidad, la trivialidad, a los errores y disparates que se han oído en la televisión el día antes. El público se divertiría y leería los periódicos para «vengarse» de la televisión, y tal vez de este modo la televisión mejoraría [19].

Y a quien me dice que estas acciones son retrógradas, le respondo: ¿y si por el contrario fueran vanguardistas?

[19] Neil Postman (1985, pág. 159) no tiene esperanzas de que la televisión mejore, y por eso rebate el argumento: «la televisión [...] nos ofrece lo mejor cuando nos da diversión-basura *(junk);* nos ofrece lo peor cuando absorbe el discurso serio [...]. Convendría que la televisión fuera peor, no mejor».

Apéndice

1

El huevo y la gallina

Cuando me preguntan qué tiene de novedoso mi *Homo videns*, contesto, si estoy en vena bromista, que yo empiezo por el huevo mientras que los demás, la mayoría, empiezan por la gallina. Y bien se ve que las inteligencias están aletargadas, porque todavía nadie me ha planteado el problema de por qué viene antes el huevo que la gallina. Para evitar equívocos lo explicaré de todas formas.

La relación entre el huevo y la gallina es en sí una relación circular de implicación recíproca que comporta, en lógica, una regresión al infinito. Si no hubiese gallinas no nacerían huevos, y viceversa, sin huevos no nacerían gallinas. Lo cual no quita para que el ciclo de la vida vuelva a empezar cada vez por el huevo. Si no buscamos un comienzo originario en la noche de los tiempos, sino que sólo queremos fijar el comienzo del ciclo, entonces está bien colocar el principio en el huevo.

Dejando ahora de lado la metáfora, cuando digo que empiezo por el huevo, no estoy aludiendo sólo al origen del trayecto, sino sobre todo al hecho de que mi indagación trata de los factores y procesos que forman a la persona humana y que transforman al niño en adulto. Cuatro de estos factores son determinantes: 1) los padres, 2) los coetáneos (el *peer group*), 3) la escuela, 4) los medios. El hecho de que yo haga del cuarto —y en concreto del predominio del vídeo-ver— un factor decisivo no implica que no tenga en cuenta los otros tres. Sé perfectamente que existen. Pero estoy considerando su pérdida de peso, su pérdida de fuerza. Los padres están en quiebra, y lo mismo se puede decir de la escuela. En cuanto al *peer group* —a los coetáneos que para cualquier joven se convierten en el grupo de referencia— yo lo coloco en el contexto de los medios de comunicación de masas. Porque el *peer group* refleja casi exclusivamente una cultura juvenil que es a su vez una cultura audiovisual.

Acerca de esta cuestión me han objetado que yo atribuyo a la televisión un papel educativo que no le corresponde y que no puede tener. Pero yo me limito a constatar que el papel educativo de la televisión tiene lugar por sustitución, y sobre todo por defecto o carencia de una escuela en colapso. No es que la televisión «deba» educar. Es que en ausencia de otros y mejores educadores el peso de la *paideía* le cae encima.

Dicho esto, el libro traza dos recorridos. En el primero se va del vídeo-niño al vídeo-adulto. En el segundo se va del ciudadano a la democracia. Ambos recorridos no son independientes entre sí. Es más, están estrechamente interconectados. La diferencia es que en el primer caso el recorrido es individual y conduce a lo que cada uno vale como persona, mientras que en el segundo caso entra en juego la relación individuo-comunidad y el recorrido trata sobre cómo todos contribuyen al todo. Y si el vídeo-niño se autorealiza como un vídeo-dependiente (primer recorrido), entonces el vídeo-dependiente se traduce posteriormente (segundo recorrido) en un mal ciudadano que perjudica a la ciudad democrática y al bien colectivo.

Por tanto mi discurso es «consecuencial». La premisa común sobre la que se basa de principio a fin es que el primado del ver, el primado de la imagen, empobrece el conocer y del mismo modo debilita nuestra capacidad de gestionar la vida en sociedad. Y toda mi argumentación, lo vuelvo a repetir, parte de este «huevo»: del hecho que estamos perdiendo el lenguaje abstracto y la capacidad de abstracción sobre la cual se fundan nuestro conocimiento y nuestro entendimiento.

¿*Déjà vu*? ¿Es una cosa ya dicha y sabida? Desgraciadamente quien me ataca así no aporta pruebas, no cita, y por tanto no me hace saber de dónde y de quién habría yo copiado. Yo empiezo por el hombre como «animal simbólico» y el hilo conductor de mi análisis es un hilo semántico. Mas a quien me ataca con el fácil estribillo del «esto es cosa sabida», este hilo conductor se le escapa por completo. Quizá sea porque quien así me contradice es ya un vídeo-animalote[1] para el cual la semántica es una influencia asiática o a lo mejor la mujer de Semántico.

---

[1] Entre ellos se encuentra Giuliano Ferrara, que se pregunta (acerca de mí) «¿Pero estos profesores leen?», y me explica (en «Il Foglio») que la «decadencia del hombre televisivo no es peor que la que se produjo con el paso de la pintura al cine [...], de Aldo Manuzio a la producción editorial de masas». ¿Serían por casualidad estos pasajes análogos a la sustitución del entender sin ver por un ver (la imagen) sin entender? La verdad es que las analogías no son el fuerte de quien así habla, probablemente porque pertenecen al entendimiento abstracto.

2

¿QUÉ CIUDADANO?

Nos tenemos que poner de acuerdo sobre la noción de ciudadano. En el sentido literal del término, ciudadano (*civis*) es quien vive en la ciudad (*civitas*). En este caso ciudadano es lo contrario de campesino, de quien vive en el campo, fuera de la ciudad. Pero esta noción topológica, digámoslo así, de ciudadano no es la que nos interesa. Así como no nos interesa la ciudadanía definida por un pasaporte. Nos interesa, en cambio, la contraposición entre ciudadano y súbdito, y por ende la noción propiamente política de ciudadano. El súbdito es un dominado, el que está aplastado por el poder, el que no tiene ningún poder (de cara a su Señor o Soberano). El ciudadano, en cambio, es titular de derechos en una ciudad libre que le permite ejercerlos. Mientras que el súbdito no cuenta —ni siquiera tiene voz— el ciudadano cuenta: tiene voz, vota y participa, o por lo menos tiene el derecho de participar en la gestión de la *res publica*.

Pero el ciudadano así definido todavía no es un ciudadano «demo-potente» que ejerce el poder personalmente. Esta diferencia pasa en gran medida desapercibida, y sin embargo es una diferencia crítica. El ciudadano de la democracia representativa vota para elegir a las personas que irán a deliberar. En algunas ocasiones (el referéndum) vota también sobre *issues*, es decir, decide sobre cuestiones. Pero en la democracia representativa el referéndum es un instrumento decisional subsidiario. Si no fuese así, la democracia representativa ya no sería tal y se convertiría, precisamente, en una democracia referendaria, es decir, en una democracia directa.

Esta transición de una democracia indirecta a una directa se presenta como una transformación de estructuras. Pero es mucho más que esto. Porque postula una concomitante transformación del ciudadano. El ciudadano al que sólo, o sobre todo, se le pide que elija un representante, es sustituido por un ciudadano reforzado, un *hiper-ciudadano*, al que se le pide que sea un juez de méritos, un ciudadano que decide sobre el mérito. La teoría de la democracia directa presupone, por tanto, la transformación del ciudadano puro y simple en el hiper-ciudadano

194

que debe —debería— conocer las cuestiones sobre las que decide y ser en cierta medida competente en las materias asignadas a su competencia. Sobre este presupuesto —que por lo demás es una condición necesaria— la teoría de la democracia directa es majestuosamente latitante. Pero el hecho sigue siendo que sin el hiperciudadano una democracia directa no puede funcionar (o se hace muy disfuncional).

Miremos a nuestro alrededor. ¿Vemos emerger nuevos ciudadanos que estén a la altura de las nuevas tareas? Seguramente no. Mientras la teoría postula la belleza del «directismo» y de la «democracia continua» (ya llegaré a ella), la realidad está produciendo la desaparición del ciudadano que bien o mal teníamos, es decir, su degradación a hipo-ciudadano. Y seguramente es así, porque es seguro que el *homo videns* se traduce en un ciudadano que cada vez sabe menos de los asuntos públicos, es decir, de los asuntos que le habilitan para la ciudadanía. En este libro el debilitamiento del ciudadano se ha localizado en el contexto de una pérdida progresiva de autonomía de la opinión pública (*vid. supra*, pág. 73 y sigs.). Pero como en esta cuestión muchos hacen pastiches entre opinión pública, opinión popular y opinión de masa, es necesario aclarar este punto. La distinción clásica se establece entre opinión pública y opinión popular. La primera es una opinión de los públicos sobre cosas públicas (no sobre todo) a la que no se pide racionalidad (sería excesivo), sino autonomía. La segunda es simplemente una opinión extendida, de éxito (y sobre cualquier tema), que no está sometida a ninguna condición, excepto a la de ser sostenida por muchos. Así pues, mucho cuidado con confundir ambas cosas. Es verdad que la opinión pública y la opinión popular no están completamente separadas, porque lo que se consolida como opinión pública en una determinada materia nace, o también puede nacer, de opiniones populares. Pero no necesariamente es así, y de todas formas la validez analítica de la distinción no cambia (*cfr.* Nisbet, 1982, págs. 249-253).

La distinción entre opinión pública y opinión de masas se apoya, en cambio, en el contraste entre élite y no élite. Renato Parascandolo (1997, págs. 43-44) la describe así: «La opinión pública es una esfera circunscrita, una élite de ciudadanos [...] dotados de conciencia civil [...] que se basa en la argumentación racional, [...] en la fuerza del razonamiento, mientras que la opinión de masas se alimenta de la sugestión, de la demagogia, de la visceralidad [...], de la irracionalidad». Sí y no. La opinión pública puede ser elitista en los *leaders* de opinión que la inspiran, pero no es elitista en sí (además podría tener una extensión igual a la de las opiniones populares). Precisado esto, el vaciamiento de la opinión pública inducido por la televisión sí que puede ser descrito como un tránsito a una opinión de masas; dejando así claro que ésta última es una opinión degradada que pone en peligro la democracia representativa y hace que la democracia directa sea desastrosa.

Retomando el hilo de mi discurso diré entonces lo siguiente: el ciudadano expresa, y se expresa, en una opinión pública, mientras que el sub-ciudadano al que ni siquiera interesa su ciudad se expresa en una opinión de masas. Es además el estado de la opinión que más socava la posibilidad misma del super-ciudadano que se autogobierna. E incluso será verdad que la ciudadanía de la era electrónica se caracteriza por la posibilidad de acceder a informaciones infinitas. Pero decir esto es como decir que la ciudadanía en el capitalismo permite a todos convertirse en capitalistas. Muchas gracias.

3

DEMOCRACIA CONTINUA
Y DEMOCRACIA DELIBERATIVA

La tecnología, como explica estupenda-
mente Stefano Rodotà (1997), da entrada a la
«tecnopolítica» y con ésta nos propone una
«democracia continua». Esta democracia continua es verdaderamente practicable (sin duda
la tecnología la hace posible). ¿Funcionaría
mejor que la democracia representativa? ¿Es
una democracia más avanzada que nos hace
avanzar?

Rodotà hace suya, de entrada, la conocida
tesis de Rousseau del pueblo inglés «que cree
ser libre» pero que se engaña, porque solamente lo es cuando elige a los miembros de su parlamento; después de esta elección vuelve a
convertirse en «esclavo, ya no es nada» (*Con-
trato social*, III, cap. 15). Pero esta tesis es in-
fundada. Porque en el intervalo entre una elección y otra, los elegidos están guiados por el

principio de las «reacciones previstas», y por tanto cotidianamente dan por descontado las reacciones previsibles de sus electores. En las cuestiones más sentidas por los votantes, sus representantes se hacen en gran medida éterodirectos. Y con la sondocracia (sondeo-cracia) la auscultación de los representantes se hace prácticamente cotidiana. Así pues, entre una elección y otra no hay ningún «pueblo esclavo». Por tanto, yo no estoy de acuerdo con la afirmación de que «una de las cuestiones más espinosas de la democracia de los modernos siempre se ha referido al modo de colmar el vacío entre una elección y otra, de interrumpir el silencio de los ciudadanos, de rescatarlos de esa condición de esclavitud que atacaba Rousseau» (Rodotà, 1997, p. 8).

Pero si el problema de la intermitencia no me turba, la democracia continua de Rodotà sigue siendo interesante porque es sobre todo una «democracia deliberativa», es decir, una democracia compartida por los ciudadanos que intenta unir elementos de democracia directa y elementos de democracia representativa.

El primer problema lo encontramos en la expresión «democracia deliberativa». En Habermas, y también en la inteligente y original propuesta de James Fiskin (1991), *deliberation* significa debate y discusión[2]. En cambio en italiano se dice: primero conocer y después deliberar. Lo cual significa que en italiano deliberar puede ser, y a menudo lo es, solamente decidir, solamente elegir. Con frecuencia en italiano el término se usa como sinónimo de votar. Y en este caso por aquí no vamos bien. Porque el problema está precisamente en esta diferencia: la diferencia entre un decidir-votar que es precedido y orientado por una *enlightened discussion* (la fórmula de Fiskin), y un decidir-votar que solamente expresa preferencia, acto de voluntad.

Este contraste se puede traducir, técnicamente, en la diferencia entre decisiones por suma positiva y decisiones por suma nula (o incluso suma negativa). Una decisión es por suma positiva cuando todas las partes en juego vencen u obtienen algo; y es bastante evidente que este resultado está vinculado al gobierno por discusión (la *deliberation* inglesa). Por el contrario, en una decisión por suma nula quien gana, gana todo, y quien pierde, pierde todo. El referéndum, por ejemplo, es una técnica decisional de suma nula.

[2] En inglés —cito por el *Oxford Dictionary*— el primer significado de la palabra es *careful consideration with a view to decision*, o también *the consideration and discussion of the reasons for or against a measure*.

Y este resultado es bastante probable cuando tenemos un decidir-votar que no está «contratado» sobre el mérito y en el mérito, sino que expresa preferencias preconstituidas (*cfr.* Sartori, 1987, págs. 214-253; Sartori, 1993, págs. 78-88).

De lo anteriormente dicho deduzco que el problema no es de continuidad o intermitencia. Es entre el «juego del sí y del no» por un lado, y el juego «del juicio crítico» por otro (así dice precisamente Rodotà, 1998, pág. 100). Y éste no es un problema resuelto por la tecnología; es más, está agravado por la tecnología. Porque la tecnología atropella cada vez más al peso del «juicio crítico». Las posibilidades de la tecnología son una cosa, la realidad de una tecnopolítica gestionada por vídeo-ciudadanos y sub-ciudadanos es completamente distinta. Y el mundo real no se está desplegando a favor del «primero conocer y después decidir». Adiós, en tal caso, a la democracia deliberativa.

4

COMPETENCIA Y AUDITEL

Todos o casi todos se lamentan de que la televisión generalista empeora. Pero el remedio no es (*vid. supra*, págs. 144-146) la privatización. Y el «empeorador» es seguramente Auditel. Porque Auditel proporciona una indiferenciada recogida de datos de los índices de audiencia de los programas televisivos. Y si la medida de cualquier programa sólo es su audiencia indiferenciada, entonces está claro que el imperativo de todo programa sólo es el de «hacer masa», aumentar el número de individuos de la audiencia.

El que defiende a Auditel usa el argumento: *competition is competition*, la competencia es la competencia. Pero lo usa de forma desatinada. Porque no hay ninguna analogía entre la competición entre televisiones —que es una competición distorsionada— y la genuina competición de mercado. La competición de mercado se funda en tres elementos: a) el coste-precio, b) la calidad del producto, c) la relación precio-calidad. Y la interacción entre estos elementos se traduce en beneficio del consumidor. De hecho, la competencia hace que a igualdad de producto el precio sea el menor posible. De la llamada competencia televisiva no sale en cambio ningún beneficio para el oyente-consumidor. En este pseudo-mercado el oyente es prácticamente impotente.

¿Por qué impotente? Evidentemente porque en el denominado mercado televisivo no se pone el precio, o más exactamente, no hay un consumidor que elija y pague los productos relacionando su calidad con su precio. En televisión los productos por los cuales se establece un verdadero precio de mercado no son los programas: son los espacios publicitarios. O lo que es lo mismo, los programas televisivos sirven a la televisión para formar paquetes de espectadores que a su vez son los potenciales clientes que se venden a las empresas. Así pues, los verdaderos consumidores «pagadores» —los que por tanto tienen realmente el poder de elección y contratación— del mercado televisivo no son los espectadores, sino las empresas que compran su atención con su publicidad. De lo cual resulta, repito, que nos encontramos aquí ante procesos competitivos perversos, que de ninguna forma ofrecen ventaja alguna al consumidor[3]. Y que por añadidura nivelan y bajan la calidad de la oferta.

Carlo Freccero, que fue director de Rai Due y supuesto *enfant prodige* de la profesión televisiva, declara que «la televisión no se mide por su calidad, porque la calidad es siempre una resta» (1999, p. 121). Lo que es como decir que en televisión la calidad hace perder (dinero y de todo). Sí y no. Pues esta «ley Freccero» vive y muere con Auditel. Mientras las cuentas se hacen con Auditel, Freccero tiene razón, pero sin Auditel su ley se desmorona.

El problema de Auditel —ya lo he apuntado— es que su medición es indiferenciada, o en todo caso mal diferenciada[4]. En cambio los públicos que ven la televisión son muy diferentes: ricos y pobres, cultos e incultos, jóvenes y ancianos, etcétera. Lo cual implica que también las mediciones

---

[3] La cuestión es distinta, obviamente, en el caso de la televisión de pago vía cable o vía éter con decodificador. Aquí el consumidor paga por el producto que recibe y puede elegir entre productos de consumo. En este caso, por tanto, el espectador recobra su papel de *dominus* de un mercado competitivo. El problema es que por lo general las televisiones de pago son televisiones dedicadas a un tipo de temática y ya no atienden al poco rentable mercado de la temática política.

[4] El problema empieza por el grupo sobre el que se hace

tendrían que hacerse sobre un grupo estratificado de población en el que estuviesen bien separadas e identificadas las diferentes bandas de audiencia.

¿Por qué no? El obstáculo es la costumbre. Los señores de la televisión ya se han acostumbrado a Auditel y tocarlo se ha convertido en un sacrilegio. Pero tocarlo es un deber. Adviértase esto: no es que sin Auditel el índice de audiencia disminuiría (incluso podría aumentar). Y es falso que sin Auditel la máquina de distribución de los ingresos publicitarios se atascaría. Sin Auditel sólo sucedería lo siguiente: la cuantía de las entradas publicitarias se distribuiría de forma distinta y seguramente más racional. Es verdad que no está nada claro que los acomodados sean menos burdos, en sus audiencias, que los pobres.

---

sondeo. Por lo poco que se sabe acerca de ello (por un documental televisivo de Milena Gabanelli de marzo de 1998) las 5.000 familias que forman el conjunto de sondeo de Auditel están compuestas por personas que se pasan todo el día viendo la televisión, señalan cuál es el programa que están viendo (cuando no se duermen, aburren o hacen cualquier otra cosa) y al final del año reciben un «regalito». ¿Cómo es posible que estas familias completamente anómalas (sólo una de cada diez familias acepta), a las que se paga con regalitos, constituyan un muestrario fiable? Es verdaderamente sorprendente que cinco billones de inversiones publicitarias dependan de un mecanismo de muestreo incontrolado y tan poco creíble.

Pero lo que es seguro es que los primeros pueden gastar, mientras que los segundos no. Y esta consideración nos permite ya afirmar que no tiene justificación publicitaria la persecución del último vagabundo. Precisado esto, es evidente que para llegar al grupo estratificado que nos hace falta hay que combinar la variable de la renta con la variable del nivel de instrucción. Y con esto queda claro cómo una audiencia relativamente baja, pero formada por un público que puede gastar, resulta más interesante que una audiencia muy alta de muertos de hambre.

Por tanto, el resultado del sondeo Auditel es una televisión que masifica, en la cual la cantidad aplasta a la calidad. Pero existe también la calidad que aplasta a la cantidad. Hace falta darle una oportunidad. Y para ello nos debemos liberar de la tiranía de Auditel.

E incluso puede que sea verdad, como precisa el presidente de Auditel, Giulio Malgara, que «la "perversión" de Auditel no reside en la investigación [...]. Reside en el uso impropio de ciertos titulares de portada propensos a reducir todo a un banal combate de gana/pierde»[5]. Pero si todo el

[5] *Corriere della Sera* del 29 de enero de 1998. Malgara responde a un artículo mío del día anterior titulado «Rivellatevi all'Auditel» (Rebelaos contra Auditel).

problema estuviese aquí, entonces el remedio que me permito aconsejar a Malgara sería muy simple: proporcionar *solamente* datos diferenciados (por lo menos por nivel de renta, nivel de formación y clases de edad). En este caso su lectura cotidiana perdería interés para el gran público (resultaría demasiado complicada), y así el «combate gana/pierde» perdería su *appeal*. Añádase a esto que los datos diferenciados permitirían a cada uno de los presentadores de los distintos programas hacer gala de una victoria propia: sí, yo tengo menos audiencia pero, por ejemplo, tengo más jóvenes, más mujeres, más élites. Por el contrario, mientras Auditel siga proporcionando datos indiferenciados no tendrá el derecho de quejarse de que se haga de ellos un uso impropio o perverso. El combate por una indiscriminada audiencia máxima es un combate desencadenado precisamente por las medidas Auditel.

Hasta aquí la argumentación general y en general. Ahora hace falta delimitarla y afinarla sobre la información y formación del ciudadano, y lo haré refiriéndome a los noticiarios políticos. El destino de la televisión de esparcimiento, de la televisión que entretiene, no me interesa especialmente. Mi problema es la televisión que hace, o deshace, la opinión pública. Y nos podemos permitir entrar en este problema poniéndonos en el lugar del que dirige un telediario. Para él, me pregunto yo, ¿cuál es la diferencia entre, pongamos, una noticia sobre la integración europea y la noticia de un asesinato? En principio ninguna, en el sentido de que para él ambos son puros y simples relatos, noticias de crónica que hay que presentar como tales. El hecho de que la primera sea un *issue* que hace falta explicar (en este caso el material filmado es irrelevante), mientras que la segunda es sólo una «acción abominable» que se debe contar, es una diferencia que al periodista lo único que hace es molestarle. La noticia europa tendría que ir comentada (y esto ya es en sí un incordio); además Europa no proporciona imágenes espectaculares y, por tanto —para un público de entretenimiento, de *infotainment*—, es simplemente aburrida. En cambio el asesinato, con toda su parafernalia de cadáver en exhibición, no requiere esfuerzos mentales para ser captado y es, precisamente, una noticia espectacular. El resultado es que Europa se convierte en una mini-noticia que se puede relegar a cualquier rincón y a la que se dedican treinta segundos, mientras que los asesinatos (y similares) abren los telediarios y obtienen dos minutos.

Admitamos ahora que nuestro director de telediario se dé cuenta de que haciendo esto no sólo viola toda regla de correcta información (transforma el micro en macro y lo irrelevante en importante), sino que también contribuye a destruir una opinión pública sobre cosas públicas. Y admitamos que se dé cuenta de la enormidad de ciertas omisiones: por ejemplo de haber ignorado la conferencia de Montevideo sobre la contaminación atmosférica y los problemas globales de la ecología, bonitamente sustituidos en su informativo, qué sé yo, por un desfile de moda. Admitamos, pues, que esta persona se sienta infeliz con el producto que confecciona. Incluso si es así, ¿qué puede hacer? Mientras esté tiranizado por Auditel —ya lo sabemos—, poco.

¿Pero por qué también él tiene que ser medido? Las mediciones cotidianas de audiencia sirven para la publicidad. Pero a los telediarios de la televisión pública no les está permitido —justamente— la interrupción publicitaria. ¿Y entonces por qué contar o contarse? Se responde: porque también en los informativos la televisión pública está en competencia con la privada y tiene que demostrar que es mejor, que le gana en audiencia. Pero si lo tiene que demostrar al precio de hacerse incluso peor —en términos de demagogia competitiva— que las televisiones privadas, entonces el juego es sólo una suma de resultado negativo para todos. Y para resolver verdaderamente la cuestión bastaría con prohibir también a la televisión comercial la emisión de informativos con publicidad. La queja sería que de esta forma la televisión privada se quedaría en números rojos, o con más números rojos que nunca. Pero la televisión comercial no está obligada, y no debe ser obligada, a realizar telediarios. Si los considera un coste improductivo, que los elimine. Total, es un servicio que está asegurado por el servicio público. Yo además no creo que un Berlusconi o un Murdoch renunciarían a su influencia política por algunos miles de millones (para ellos una nadería). Y en cualquier caso la cuestión es que sin el «combate Auditel» (que se extingue prácticamente por sí sólo allí donde no hay publicidad que comprar o vender) todos, telediarios públicos y privados, serían libres de hacer las cosas mejor.

Hoy por hoy Auditel —así como sus equivalentes en otros países— obliga a los productores de información a penalizar a los grupos de audiencia que desearían un informativo decoroso, y a favorecer en cambio a una audiencia a la que interesa solamente la crónica negra, la crónica rosa, deportiva, musical, dulzona, llorona, en fin, sólo la crónica emotiva o de entretenimiento. La alternativa sensata es ofrecer, en cambio, informativos separados: uno de información seria, otro de información frívola. Pongamos, media hora uno, media hora el otro. Para coger este camino basta llegar a entender que no importa que el segundo informativo tenga, pongamos por caso, cinco veces más audiencia que el primero. Porque el informativo frívolo se condena por sí solo a la propia irrelevancia, mientras que el informativo serio es relevante, diría yo, casi por definición, porque se dirige al público que es relevante para la cosa pública.

Sé bien que la objeción de rigor es que la televisión no da política, o la reduce al mínimo, porque la política no interesa (*vid. supra*, págs. 88-91). Pero tampoco la escuela interesa, o interesa cada vez menos, a nuestros estudiantes. ¿Tenemos que deducir de esto que hay que abolir la escuela?

5

Nos ahogamos en la ignorancia

Ya hace mucho tiempo que la teoría de la democracia emprendió una carrera hacia delante. Avanza hoy, avanza mañana; la divergencia entre la «democracia avanzada» invocada y preanunciada sobre el papel y el «día a día» de las democracias reales en las cuales vivimos se ha convertido ya en una divergencia astronómica. Llegados a este punto la democracia que se nos presenta y promete se llama «ciberdemocracia» o, menos crípticamente, democracia electrónica, es decir, un autogobierno de los ciudadanos realizado vía ordenador, lo cual abre las puertas a su ejercicio directo del poder, un ejercicio de poder que a su vez se traduce en su prácticamente infinita libertad. Pero la realidad —como ya he subrayado anteriormente— es que el ciudadano capacitado para ser tal está en vías de extinción, y el demo-poder se está convirtiendo en demo-impotencia. Porque un pueblo soberano que no sabe nada de política ¿es soberano? ¿Qué puede nacer de la nada? Como mucho, *ex nihilo nihil fit*. O de otra manera: de la nada nace el caos.

En este libro no había hecho hincapié en la abismal y creciente ignorancia de los pueblos de nuestra época. La he dado por conocida, limitándome a afirmar que la base de información y conocimiento del *demos* es de una pobreza cada vez más alarmante (*vid. supra*, pág. 127). Pero como los demo-ditirámbicos hacen como si nada y evaden el problema, estará bien que yo insista en ello.

El profesor Hirsch publicó en 1987 un libro titulado *Cultural Literacy* en el que se proponía, entre otras cosas, un test de treinta y ocho preguntas pensadas para averiguar los niveles de *literacy*, de cultura elemental. No lo transcribo aquí porque el test está hecho para un público americano. ¿Pero por qué nuestro Ministerio de Educación no prepara uno análogo para nuestras escuelas? Antes de prometer *desk computers*, ¿por qué nuestros ministros de Educación no investigan el nivel del desastre?

En Estados Unidos un cuarto de los estudiantes preuniversitarios (entre los dieciséis y los dieciocho años) creen que Roosevelt fue presidente durante la guerra de Vietnam, dos tercios no saben colocar cronológicamente su terrible guerra civil, y la mitad no sabe quién fue Stalin. En Italia no vamos mejor. Hace poco me cayó entre las manos una investigación promovida por el profesor Stefano Privato de la Universidad de Urbino. A quinientos veintisiete estudiantes de cuatro universidades italianas matriculados en cursos de Historia Contemporánea se les distribuyó un cuestionario realizado para averiguar qué saben los chicos de dieciocho años sobre la historia del siglo XX. El resultado es que la mayoría de los alumnos a los que se repartió el cuestionario no sabe qué es el *New Deal* o el Plan Marshall, se equivocan en tropel sobre la guerra fría y sobre la República Social, creen que Badoglio fue un jefe partisano, ignoran en qué fecha nació la República en la que viven; saben en cambio perfectamente quiénes son María Callas y Bob Dylan (reconocidos por más del 95 por ciento de los que contestaron; y todavía nos preguntamos quién hace la cultura juvenil). Todavía más interesante es la falta de pudor de los encuestados. En lugar de admitir que no saben, se lanzan sin vergüenza ni complejos a dar respuestas a tontas y a locas. Por ejemplo, hay quien cree que el Plan Marshall es «un plan para exportar opio a Francia». Sí, entran ganas de reír; pero más ganas entran de llorar.

En 1997, durante más de seis meses, televisión, radio y periódicos hablaron cotidiana y abundantemente, en Italia, sobre los trabajos de la Comisión Bicameral, y por tanto sobre reformas institucionales verdaderamente cruciales para el futuro del país. Y sin embargo, Mannheimer muestra (*Corriere della Sera* del 10 de noviembre de 1997) que la mitad de los italianos ni siquiera saben que ha existido. Sólo el 2,8 por ciento indica con exactitud que los trabajos de la Comisión Bicameral acabaron en junio; sólo un 2 por ciento (que ha descendido posteriormente al 1,4 por ciento) declara conocer bien los proyectos de reforma que se estaban discutiendo; mientras que una tercera parte del grupo encuestado salió del paso diciendo que de la Bicameral sabía poco (lo cual en encuestas de este tipo quiere decir que no sabe casi nada).

Tampoco vamos mejor con Europa. También según Mannheimer, en ningún país europeo el porcentaje de los que dicen saber mucho del tema es superior al 5 por ciento. ¿Pueblo soberano? Venga ya, intentemos ser serios. Estos datos son escalofriantes. Si los problemas europeos y de Europa fuesen decididos por la democracia electrónica, el 5 por ciento de las personas competentes sería fulminantemente aplastada por una avalancha (el 95 por ciento) de ignorancia.

También es evidente el efecto negativo del tele-ver en la cultura escrita, en la cultura basada en la palabra. En 1998 casi el 65 por ciento de los italianos declararon que nunca leen un libro, mientras que un 62 por ciento admite que nunca lee nada, ni siquiera periódicos deportivos o revistas de cualquier tipo. El último censo estadounidense de 1986 no era menos desalentador: resultaba que 70 millones de americanos adultos eran analfabetos. E investigaciones más recientes muestran que 106 millones de americanos no saben leer, en el sentido de que leen mal. Y los datos subdivididos por clases de edad son todavía más preocupantes. En Italia (en 1998) sólo el 18 por ciento de los jóvenes entre los quince y los veinticuatro años compraba un cotidiano. Por tanto, más del 80 por ciento de los jóvenes sabe de política —si quiere— solamente en términos de vídeo-política, lo que es como decir que, en términos de entender, no sabe nada del tema.

Pasando al terreno de lo frívolo —pero es un frívolo que dice mucho— ¿alguien se acuerda de que en los buenos tiempos de *Lascia o Radoppia*? (¿Se planta o dobla?) de Mike Bongiorno los concursantes del programa estaban formidablemente preparados (en los temas elegidos por ellos)? Hoy día ese tipo de programa ya no sería posible por falta de materia prima. Actualmente los concursantes que se ponen a prueba en adivinanzas confían en la buena suerte y piden la «ayudita». Y, como escribe Aldo Grasso (*Corriere della Sera* del 24 de enero de 1999), «no saben quién es Leopardi [...], quién es Fígaro [...], quién es Mahoma, quién es Gagarin. No saben nada de nada, son de una ignorancia abismal». Y sin embargo, comenta Grasso, «estos concursantes [...] seguramente han ido a las escuelas superiores, poseen teléfono móvil, demuestran su familiaridad con los llamados Vip del vídeo». Precisamente, el universo de su «familiaridad» es solamente lo visto-en-vídeo: estos concursantes son perfectos ejemplares de vídeo-niños.

¿Basta con esto? Ya que estoy puesto voy a picotear, para acabar bien, en una desordenada pila de recortes americanos que he ido acumulando a lo largo de los años. ¿La *Carta Magna*? Ochenta y cinco de cada cien estudiantes se preguntan turbados qué es. ¿Los nazis? Uno de cada tres no sabe. ¿Cuándo nació Cristo? Cuatro estudiantes de cada diez ni siquiera caen en que la respuesta está dada por el calendario que usan (y por tanto demuestran que no saben que ellos cuentan y distribuyen los años «antes de Cristo» y «después de Cristo»). Y un conjunto de quinientos estudiantes contesta sobre los nombres propios que se citan a continuación equivocándose en los porcentajes que se indican al lado: Dickens (86 por ciento), Marx (49 por ciento), Einstein (54 por ciento), Gandhi (60 por ciento), Mussolini (50 por ciento), Van Gogh (54 por ciento), Eisenhower (55 por ciento). El político que más se salva es Churchill (con sólo un 24 por ciento de respuestas equivocadas). Pero el triunfador absoluto es Babe Ruth, obviamente un famosísimo jugador de *baseball*: el 97 por ciento sabía perfectamente quién era.

Tomadas de forma aislada, ninguna de estas lagunas es importante. Pero el conjunto revela un vacío cultural y de información que deja horrorizado. ¿Los «directistas» (*vid. supra*, págs. 129-132) que nos proponen al ciudadano autogobernante saben de qué están hablando?

6

DEL VÍDEO-NIÑO
A LA DECONSTRUCCIÓN DEL YO

Desde distintas partes se me dice que mi radiografía del vídeo-niño es exagerada, que cargo las tintas. Vamos a discutirlo. Empezando por su lenguaje. Porque mi tesis es —recuerdo— que el vídeo-niño es tal porque en gran medida ha perdido la capacidad de usar el lenguaje abstracto del *homo sapiens*, y todavía más la del *homo cogitans*, para recaer en la imprecisión y en el «primitivismo cognitivo» de la conversación ordinaria, del lenguaje común (*cfr.* Sartori, págs. 13-15 y 20-22).

Así pues, déjame oír cómo sabes hablar y te diré quién eres. A este respecto Raffaele Simone (1998, pág. 183) indica que tenemos que escuchar el lenguaje de los jóvenes para sacar de él lo que revela sobre su «cultura mental». Y lo que se obtiene es que el «juego cultural» de las últimas generaciones de jóvenes ya no sigue las reglas del juego de antes (que no es sino el juego de siempre, de veinticinco siglos).

Nosotros hemos crecido —escribe Simone— en la convicción de que convenían ser articulados, estructurados, que el lenguaje tenía que ser rico, preciso, sagaz; que [...] distinguir era mejor que confundir [...] En fin, hemos crecido en la convicción de que una de las funciones principales del lenguaje es la de ayudarnos a ser articulados y precisos [...]. Hoy día, en cambio, desde el universo de la precisión estamos regresando hacia el de la aproximación: el lenguaje de las últimas quintas de jóvenes (en este caso sin demasiada diferencia de clase) es genérico, incapaz de precisar [...]. Todo está hecho de esto, aquello, tal, hacer, es decir, de intercalaciones que no capturan sino que aluden. Rechaza la construcción precisa, la focalización rigurosa: deja todo indefinido en un insípido caldo de significados (que además es probablemente el caldo cultural de la *New Age*). Y el problema es que estos vicios [...] no se pasan con la juventud, sino que se quedan pegados para siempre.

Cito por extenso porque no lo sabría decir mejor. El vídeo-niño se expresa en un lenguaje agua chirle y vive (he escrito en este libro) en una melaza mental. Y si esta diferencia de «cultura mental» pasa desapercibida a gran parte de los padres, es porque los padres del 1999 son a su vez vídeo-niños que se ven reflejados en sus hijos.

Esta última reflexión me lleva a los padres y a su no hacer o hacer mal. Si el vídeo-niño no crece, si nunca se convierte en un verdadero adulto, no es sólo porque está marcado de por vida por un vídeo-ver originario. Una causa concomitante de esta falta de crecimiento, y por ende de la falta de desarrollo de una personalidad autónoma, es que los padres ya no representan una estructura de autoridad.

En una investigación dirigida por Alfredo Carlo Moro, promovida por la Presidencia del Consejo y publicada en 1997 (su título es *Un volto o una maschera*, Un rostro o una máscara), se lee que para los cinco millones de niños italianos de entre cero y diez años las vías para la «construcción de la identidad» están en peligro. Están en peligro porque sus padres son incapaces de decir que no, tratan a sus niños como a iguales, y de esta forma crían pequeños tiranos de hojaldre que cuando se hacen grandes no son capaces de soportar el choque con la realidad. Noto, por lo demás, la siguiente cosa extraña: al condenar a los padres la investigación en cuestión absuelve a la televisión. Después de haber constatado que la televisión absorbe gran parte del tiempo libre doméstico, el informe declara que «no se trata de demonizarla», porque también es verdad que abre al niño «a imágenes, experiencias y emociones bastante superiores a las que los niños viven en su ambiente».

El que esta superexcitación prematura sea beneficiosa está por ver. Pero me quedo de piedra al leer que el peligro representado por la televisión y el ordenador es que los niños se transformen en pequeños monstruos «con la cabeza de Einstein y el cuerpo de un pollito». ¿Con la cabeza de Einstein? Si acaso la de Bill Gates. Y a decir verdad, lo más probable es que en ese cuerpo de pollito se injerte a su vez una cabeza de pollito. Sea como sea, la cuestión sigue siendo que también los padres del «siempre sí» (que incluye el sí al tele-ver durante horas y horas) contribuyen a crear a ese niño mimado que se convierte en adulto invertebrado.

Sigamos adelante. En este libro insisto en que el vídeo-niño está marcado de por vida por una predisposición al juego. Una tesis ésta que veo también muy confirmada por los experimentos sobre el denominado «hipertexto». En la cultura del libro el desarrollo del discurso es lineal, lo cual significa que el libro enseña *consecutio*, coherencia de argumentación, o por lo menos construcción consecutiva de los argumentos. El hipertexto en cambio es un texto interactivo que acompaña el texto escrito con sonidos, colores, figuras, gráficos, animaciones. Y su característica central es que ya no tiene *consecutio*: el usuario lo puede recorrer en el orden que prefiera, es decir sin orden (y la elección es más fácil). Por ahora todavía estamos, en cuestión de hipertexto, en una fase experimental sobre la cual nos informa Anna Oliverio Ferraris (1998, págs. 62-65). Los experimentos a los que alude han sido llevados a cabo en escuelas de enseñanza primaria, y el resultado que se ha obtenido es que los niños «aun siendo activos y estando satisfechos de interactuar con el ordenador, ignoraron gran parte de los textos escritos [...] mientras que afrontaron las "pruebas de verificación" como si fuesen juegos [...]. Como media los niños "jugaron" 96 minutos de los 300 que tenían a su disposición [...] Esto significa que en su navegación los niños perdieron gran parte de los contenidos del programa».

Oliverio Ferraris es, quede esto claro, partidaria del hipertexto (hasta el punto de proponer transformar al niño-lector en niño-autor). Sin embargo, reconoce que en el experimento «los niños fueron absorbidos casi completamente por la navegación», que la «presencia del material filmado y de las pruebas de verificación, consideradas "juegos", constituyó la gran atracción», y concluye con esta advertencia: «Existe el riesgo de que el usuario no experto se pierda en la masa de informaciones disponibles, que dé vueltas en el vacío»; de la misma forma que existe «el riesgo, que no hay que infravalorar, de obtener un aprendizaje fragmentario carente de coordenadas generales y sin trabajo de síntesis». Hablando de riesgo uno no se equivoca nunca. Pero yo soy incauto, y para mí ese riesgo es una certeza. Y la primera convicción que extraigo de lo referido más arriba es que el hipertexto va a solidificar la «cultura del entretenimiento» que caracteriza a todo el vídeo-ver. El vídeo-niño «autor» (*excusez du peu!*) de hipertextos no leerá nunca ningún texto (entiéndase ningún libro), y después de un inútil recorrido escolástico que no le dejará ni un rasguño, seguirá viviendo jugando con Internet y las cibernavegaciones.

Hasta aquí he dicho lo que pienso. ¿Pero qué piensan los demás? ¿Cuál es el «futurible» al que me contrapongo, es decir, al de los multimedialistas? Por simetría de análisis cito a un autor —Roberto Maragliano— que como yo empieza por el lenguaje. Maragliano (1998, págs. 48-52) explica los lenguajes multimediales como una combinación de tres componentes: «el componente analítico y objetivante de la prensa, el componente inmersivo y sensualizante de lo audiovisual, el componente interactivo y operativizante del vídeo juego». Maragliano asegura: ningún componente es predominante. ¿Pero cómo lo sabe? Al decir que los tres componentes se combinan sugiere que su relación da como resultado una suma positiva. ¿Pero por qué no podría tratarse, en cambio, de una suma negativa? Quizá lo teme o lo sospecha, visto que subraya la ruptura, el hecho de que «ya no es la escritura (la racionalidad escritural) por sí sola la que gobierna el territorio de la metacognición», porque a su lado se erigen otras perspectivas «como la de una metacognición de tipo inmersivo y reticular [...] o la de una metacognición de tipo pragmático en cuyo contexto la posibilidad de manipular [...] permite huir de las insidias de una representación exclusivamente verbal o escritural de los datos de la experiencia».

Así pues, «los medios piensan dentro de nosotros y nos orientan a actuar [...] en los modos de la reticularidad, del conexionismo y del construccionismo». Antes «la función del saber era la de asegurar la estabilidad del edificio cultural del individuo. Ahora es la de hacer que el individuo sea sensible a toda forma de transformación». Por tanto, concluye Maragliano, ya no es posible «configurar el saber como un texto o "cosa".

Éste se presenta cada vez menos como una estructura "dada" de elementos fijos y cada vez más como un *espacio de ene dimensiones*, un conglomerado fluido».

¿Magnífico? No, para mí es escalofriante. Porque el animal multimedial descrito más arriba ya está descrito e inscrito, tal cual, en los tratados sobre la esquizofrenia: es un ser disociado cuyo yo se caracteriza por mecanismos de asociación arbitrarios, por un pensamiento hecho lábil por la ausencia de dirección, y por el recurso a símbolos de tipo onírico «sin sentido»; y por un yo que está igualmente caracterizado, en la esfera de los sentimientos, por reacciones emotivas carentes de una relación inteligible con los estímulos que las generan.

El vídeo-niño de hoy, de la primera oleada, se limita a desplegar un cerebro lógica y racionalmente atrofiado; el multimedializado de mañana, de la segunda oleada, será también, entonces, un yo desintegrado, un yo «deconstruido» que irá a poblar las clínicas psiquiátricas. Según Negroponte, en la era digital «yo soy yo». En mi opinión, en cambio, sucederá exactamente todo lo contrario. Mi previsión es que el mundo multimedia estará poblado por un yo virtual deshecho en personalidades múltiples, y por tanto por el perfecto y acabado «yo neurótico».

7

MÁS SOBRE VISIBILIDAD Y ABSTRACCIÓN

Una de las objeciones que más a menudo me han hecho se refiere a la relación entre visible e inteligible. El objetor me dice: no es verdad que el ver no genera entender; es en cambio verdad que el ver también es entender y conocer. Una vez pregunté: ¿por ejemplo? Por ejemplo —he aquí la respuesta— viajando yo entiendo mejor el mundo. Cierto. La respuesta demuestra que tengo que volver a precisar.

Obviamente, el mundo visible hay que entenderlo (conocerlo), viéndolo. El mar, las nubes, se describen mal: hay que mirarlos. La belleza de la naturaleza debe ser vista. Un descripción verbal del Taj Mahal, de Machu Picchu, del Gran Cañón, de la cúpula de la catedral de Florencia no puede en modo alguno sustituir a la imagen. Por tanto, quien no ha visto el mundo no lo conoce. Pero si es completamente evidente que para conocer la realidad visible hay que verla, es igualmente evidente que el ver no ve los invisibles del mundo inteligible, del mundo de las cosas que no son percibidas sino concebidas (que son conceptos).

Concedo, pues, que las nociones de entender y conocer son aplicables también al mundo percibido por los sentidos. Pero lo son en sentidos «débiles». Es cierto que ver el mar es conocer el mar; pero no es conocer su estructura química. Porque la estructura química del agua en general, y también del agua del mar, está establecida por la fórmula H_2O; y este conocimiento, llamémoslo «fuerte» —porque nos permite controlar y transformar las cosas—, no se obtiene de ver el agua (ni siquiera con el microscopio). Generalizando, la cuestión es que ni siquiera la naturaleza puede ser conocida a fondo, y hasta el fondo, mirándola. La física no es un saber empírico que denota cosas que se ven: es un conocimiento «meta-empírico» que atraviesa el mundo fenoménico, el mundo de las cosas que aparecen, para llegar a valores numéricos, a fórmulas matemáticas. Lo cual nos lleva a la conclusión de que la física —así como, en la misma medida, la química— es un conocimiento completamente fundado en la capacidad de abstracción de un animal con raciocinio. Y lo que es verdad para el conocimiento del mundo natural es igualmente verdadero para el conocimiento del *habitat* artificial (en la naturaleza no hay) creado por el hombre para sí mismo, es decir, para su ciudad.

La realidad de nuestros ordenamientos sociales, económicos y políticos es una realidad completamente construida por la mente «inteligente» del *homo sapiens*, y por tanto una realidad que se basa en que se entiendan los problemas que plantea. (Nótese lo siguiente: la naturaleza no tiene problemas; el problema de «entender problemas» es sólo humano). Problemas que también plantea, obviamente, a los individuos; pero que plantea de forma mucho más aguda y profunda a nivel de la ciudad. Entonces, y para concluir, ¿cuáles son estos problemas?

Para indicarlos basta ir citando de una en una algunas palabras abstractas. En este libro (*vid. supra*, págs. 49-50) lo ejemplifico aludiendo a las palabras nación, Estado, soberanía, democracia, representatividad, burocracia y después, en una segunda remesa, a los términos justicia, legitimidad, legalidad, libertad, igualdad, derecho. Aludo también, por poner algunos ejemplos, a palabras como desocupación, inteligencia y felicidad. Todas estas, decía, son palabras abstractas y, por tanto, conceptos (concepciones) que no tienen ningún correlativo visible adecuado. En el vídeo estos conceptos no se ven porque es imposible traducirlos a imágenes.

Sorprende, es más, deja pasmado, cómo en la «cultura del vídeo» (digámoslo así) esta casi total decapitación del *mundus intelligibilis* pasa prácticamente desapercibida. ¿Es que no hay cosas que entender? Sí, seguro que las hay. ¿Y estas cosas que hay que entender son adecuadamente explicadas y explicables en imágenes? No, seguro que no. Y entonces, cómo es posible no darse cuenta o tomarse a la ligera este *hiperproblema* (si existe el hipertexto, también es lícito que exista el hiperproblema): si y cómo la ciudad del hombre puede basarse en un «conocer por imágenes» que no la explica y que no la hace entender.

Es cierto que una imagen puede valer más que mil palabras. Pero también es verdad que un millón de imágenes no dan un solo concepto. Resumo en tres puntos. Primero: ver no es conocer. Segundo: el conocer puede ser ayudado por el ver. Tercero: esto no quita para que el conocer por conceptos (el conocer en sentido fuerte) se despliegue por entero más allá de lo visible. Lo siento por el tele-ver, pero es así.

8

LO VIRTUAL ES UN VACÍO

La revolución multimedia es, en su premisa tecnológica, la revolución digital. Y el elemento distintivo del *going digital*, del «ser digitales» de Negroponte (*vid. supra*, págs. 61-63), es que modifica radicalmente nuestro «situarnos en el mundo». Hasta ahora el hombre ha afrontado y reflejado el mundo real; ahora es proyectado en la creación de mundos virtuales. La tierra prometida del negropontismo, promocionada por sus proliferantes gurús y hechiceros, es, así pues, un mundo —como diría Luis Rossetto— de «digigeneracionales» dedicados a la cibernavegación en lo virtual. Y mi pregunta es: ¿esta tierra prometida es una tierra firme, o es más bien una tierra poco estable que se apoya en el vacío?

Para responder me remito una vez más al niño y especialmente a la pedagogía del hipertexto. Como ya sabemos (*vid. supra*, págs. 185-190), en la pedagogía del hipertexto el niño se convierte en «autor-creador» que se mete como quiere en un texto polimorfo, en el punto que quiere y haciendo lo que quiere. Y la implicación de este acercamiento es —leo— la de romper la «lógica lineal» que hasta ahora nos ha «esclavizado», y romper por tanto el principio mismo de la *consecutio*, del discurso ordenado que pone en orden las cosas una tras otra.

¿En pro de qué? Por lo que se nos cuenta, en pro de una infinita libertad de creatividad. ¿Verdaderamente? Entiendo que el hipertexto pueda excitar el deseo de novedad que tanto nos excita. La pregunta que queda es: ¿cuáles serán los reflejos de esta superación del pensar lógico en nuestra convivencia en ciudades construidas (y sobre esto no cabe ninguna duda) por un pensamiento y una lógica que ahora son tirados a la cuneta? Es decir ¿podemos verdaderamente vivir y convivir como animales sociales y políticos sin entender el antes y el después, la causa y el efecto?

En lógica, *consecutio* significa capacidad de construir un discurso coherente que va de las premisas a las consecuencias. Y en la esfera práctica la *consecutio* postula que los medios precedan a los fines y que el instrumento vaya antes que el producto. Dicho esto, ¿qué tiene de exaltante perder la capacidad de *consecutio*? La respuesta es

—ya lo sabemos— que una lógica circular «sin centro» es infinitamente liberatoria. Sí, seguramente lo es para nuestra libertad «interior» de neurosis y esquizofrenia. Pero seguramente no lo es para nuestra libertad «externa» de ciudadanos, que por añadidura es la libertad que funda nuestra convivencia político-social.

Partamos ahora de la teoría a la que actualmente se denomina «lineal» de la libertad política, que además es la teoría —lógico-práctica— que concretamente la ha producido. En esta teoría se distingue entre *liberación de* (libertad defensiva) y *libertad de* (libertad positiva, poder hacer), y se mantiene que la *liberación de* (por ejemplo del poder del Estado) es una condición necesaria de la *libertad de*, y que por tanto la tiene que preceder. Así pues, entre *liberación de* y *libertad de* existe una relación de precedencia procedural. Pero todo este discurso, el discurso que construye una teoría y hace posible en la práctica nuestra libertad, se disuelve en la lógica circular del hipertexto. Para el niño que iremos criando no estará nada claro por qué hay que poner antes la argamasa que el ladrillo, por qué las casas se empiezan por abajo y no por arriba, o por qué el padre debe preceder al hijo. Una vez abolida la lógica lineal, todo se hace virtualmente reversible. Lo que es como decir que la realidad se hace onírica y que el mundo se puebla de sonámbulos.

Así pues, los aprendices de brujo del negropontismo nos están embarcando en un nuevo mundo en el que ya no existirá el orden concebido e impuesto por el *homo cogitans*, sino que sólo existirá una multiplicidad de animales interactivos que juegan entre ellos por azar. Según parece, a estos aprendices de brujo ni siquiera se les ocurre pensar cuál será el destino de una ciudad dejada en manos de la inconsecuencialidad de animales «post-pensantes» incapaces de *consecutio*. Pero los que todavía son pensantes tienen que denunciar la irresponsabilidad e inconsciencia de las cada vez mayores legiones de vendedores de humo que olvidan que la ciudad en la que vivimos y viviremos no es «naturaleza» (una cosa dada que está ahí para siempre), sino que es de cabo a rabo un producto artificial construido por el *homo sapiens*. ¿Se podrá mantener sin su apoyo? No, seguramente no. Y si hacemos caso a los falsos profetas que nos están bombardeando con sus multi-mensajes, llegaremos rápidamente a un mundo virtual que se pone patas arriba en una «catástrofe real».

La nuestra es una época extraordinaria —no ordinaria— por dos cosas. Primero porque, como estaba diciendo, es una época riquísima de hechiceros y charlatanes. El pensamiento ilustrado les había hecho perder mucho crédito y así durante más de dos siglos la cultura occidental los había marginado. Ahora han revivido y están triunfando. Triunfan también porque nosotros vamos siempre acelerados y corriendo hacia adelante. Y ésta es la segunda característica —la que verdaderamente no tiene precedentes— de nuestra época. En este mundo ya todo es neo, trans, post. El «novismo» (acuñación mía) y el *beyondism*, el ir más allá (acuñación de Daniel Bell), vuelven locos. Hoy día, si no «superas», si no adelantas o saltas la valla, no existes. Arriesgándome a no existir, yo prefiero resistir.

Referencias bibliográficas

Alberoni, Francesco (1997), «Profeti e eroi della internazionale degli adolescenti», en *Corriere della Sera*, 10 de febrero.

Arbasino, Alberto (1995-1996), «Io e il computer», en *Telèma*, invierno.

Auletta, Ken (1991), *Three Blind Mice*, Nueva York, Random House.

Baudrillard, Jean (1978), *All'ombra delle maggioranze silenziose*, Bolonia, Cappelli. [*A la sombra de las mayorías silenciosas*, Barcelona, Kairos, 1978].

Benjamin, Gerald (ed.) (1982), *The Communications Revolution in Politics*, Nueva York, The Academy of Political Science.

Berelson, Bernard *et al.* (1954), *Voting: A Study of Opinion Formation*, Chicago, University of Chicago Press.

Bishop, George F. *et al.* (1980), «Pseudo-opinions on public affairs», en *Public Opinion Quarterly*, verano, págs. 198-209.

Bloom, Allan (1987), *The Closing of the American Mind*, Nueva York, Simon & Schuster. [*El cierre de la mente humana*, Barcelona, Plaza & Janés, 1989].

Bourdieu, Pierre (1997), *Sulla televisione*, Milán, Feltrinelli. [*Sobre la televisión*, Barcelona, Anagrama, 1997].

Calvo-Platero, Mario y Calamandrei, Mauro (1996), *Il modello americano: egemonia e consenso nell'era della globalizzazione*, Milán, Garzanti.

Cassirer, Ernst (1948), *Saggio sull'uomo*, Milán, Longanesi.

Cavalli, Luciano (1987), «Potere oligarchico e potere personale nella democrazia moderna», en VV. AA., *Leadership e democrazia*, Padua, CEDAM.

Coleman, James (1990), *The Foundations of Social Theory*, Cambridge (Mass.), Harvard University Press.

Colombo, Furio (1983), *Il Dio d'America*, Milán, Mondadori.

— (1995), «Prepariamoci bene: si apre una finestra», en *Telèma*, otoño.

— (1996), «C'è disordine nella rete ma il caos è apparente», en *Telèma*, primavera.

Converse, Philip (1964), «The nature of belief systems in mass publics», en David E. Apter, (ed.), *Ideology and Discontent*, Nueva York, Free Press, págs. 206-261.

Crespi, Irving (1989), *Public Opinion, Polls, and Democracy*, Boulder, Westview Press.

Cronkite, Walter (1997), *La vida de un reportero*, Madrid, El País-Aguilar.

De Matteis, Roberto (1995), «Dall'epoca delle ideologie all'epoca dell'informazione» en *Mass media*, mayo-septiembre.

Deutsch, Karl (1968), *The Analysis of International Affairs*, Prentice-Hall, Englewood Cliffs. [*Política y gobierno*, Madrid, FCE, 1974].

Dicey, Albert V. (1914), *Lectures on the Relation between Law and Public Opinion in England*, Londres, Macmillan.

Eco, Umberto (1996), «Le notizie sono troppe: imparate a decimarle, subito», en *Telèma*, primavera.

Erikson, Robert S. *et. al.* (1988), *American Public Opinion*, Nueva York, Macmillan, 3ª ed.

Erskine, H. G. (1962,1963), «The polls: The informed public», en *Public Opinion Quarterly*, págs. 669-697; págs. 133-141 y 491-500.

Fabbrini, Sergio (1990), «La leadership politica nella democrazia delle comunicazioni di massa» en *Democrazia e Diritto*, núm. 2.

Ferrarotti, Franco (1997), *La perfezione del nulla. Premesse e problemi della rivoluzione digitale*, Roma-Bari, Laterza.

Fisichella, Domenico (1995-1996), «Democrazia elettronica più diretta ma a rischio, en *Telèma*, invierno.

Galimberti, Umberto (1994), «Il potere paradossale della comunicazione», en *Il Sole-24 Ore*, 27 de febrero.

Gehlen, Arnold (1990), *Antropologia filosofica e teoria dell'azione*, Nápoles, Guida.

Glisenti, Paolo, y Pesenti, Roberto (1990), *Persuasori e persuasi. I mass media negli Usa degli anni 90*, Roma-Bari, Laterza.

Graber, Doris A. (1984), *Mass Media and American Politics*, Washington (D.C.), Congressional Quarterly Press.

Habermas, Jürgen (1971), *Storia e critica dell'opinione pubblica*, Bari, Laterza. [*Historia y crítica de la opinión pública*, Barcelona, Gustavo Gili, 1982].

Havelock, Eric (1973), *Cultura orale e civiltà della scrittura*, Roma-Bari, Laterza. [*Historia y crítica de la opinión pública*, Barcelona, Gustavo Gili, 1982].

Ionescu, Ghita (1993), «The impact of the information revolution on parliamentary sovereignties», en *Government and Opposition*, primavera.

Iyengar, Shanto, y Kinder, Donald B. (1987), *News that Matters: television and American Opinion*, Chicago, University of Chicago Press.

Jaeger, Werner (1946), *Paideía. La formazione dell'uomo greco*, Florencia, La Nuova Italia. [*Los ideales de la cultura griega*, Madrid, FCE, 1990].

Lepri, Sergio (1996), «Un futuro per le agenzie di stampa», en *Telèma*, primavera.

Lerner, Gad (1997), «La TV toglie la parola?», en *La Stampa*, 13 de noviembre.

Lippman, Walter (1922), *Public Opinion*, Nueva York, Harcourt, Brace and Co.

Lowell, Lawrence (1926), *Public Opinion and Popular Government*, Nueva York, Longman.

Malaspina, Telesio (1995), «Difendiamoci dalla televisione», en *L'Espresso*, 10 de diciembre.

Marcus, George E., y Hanson, Russell L. (eds.) (1993), *Reconsidering the Democratic Public*, University Park (PA), Pennsylvania State University Press.

Martini, Paolo (1996), *Maledetta TV*, Arezzo, Limina.

McLuhan, Marshall (1962), *The Gutenberg Galaxy*, Toronto, University of Toronto Press. [*La galaxia Gutenberg*, Madrid, Aguilar, 1969].

— (1964), *Understanding Media. The Extensions of Man*, Nueva York, McGraw-Hill.

— (1968), *Il medium è il messaggio*, Milán, Feltrinelli.

— y Fiore, Quentin (1967), *The Medium is the Massage*, Nueva York, Bantam Books. [*El medio es el mensaje: un inventario de efectos*, Barcelona, Paidos Ibérica, 1992].

Meyrowitz, Joshua (1985), *No Sense of Place*, Nueva York, Oxford University Press.

Moyers, Bill (1986), «Taking CBS news to task», en *Newsweek*, 15 de septiembre.

Negroponte, Nicholas (1995), *Being Digital*, Nueva York, Knopf. [*El mundo digital*, Barcelona, Ediciones B, 1995].

Newman, Russell (1986), *The Paradox of Mass Politics: Knowledge and Opinion in the American Electorate*, Cambridge (Mass.), Harvard University Press.

Nimmo, Dan D. y Combs, James E. (1983), *Mediated Political Realities*, Nueva York, Longman.

Orren, Gary R., y Polsby, Nelson W. (ed.) (1987), *Media and Momentum: The New Hampshire Primary and Nomination Politics*, Chatham (N.J.), Chatham House.

Page, Benjamin I. (1996), *Who Deliberates? Mass Media in Modern Democracy*, Chicago, University of Chicago Press.

—, y Shapiro, Robert Y. (1993), «The rational public and democracy», en Marcus y Hanson (eds.).

Parkinson, C. Northcote (1957), *Parkinson's Law*, Cambridge (Mass.), The Riverside Press. [*La ley de Parkinson*, Barcelona, Ariel, 1980].

Patterson, Thomas E. (1982), *Television and Election Strategy*, en Benjamin (ed.), págs. 24-35.

Popper, Karl (1996), «Una patente per fare TV», en G. Bosseti (ed.), *Cattiva maestra televisione*, Milán, Reset.

Postman, Neil (1985), *Amusing Ourselves to Death: Public Discourse in the Age of Show Business*, Nueva York, Viking Press. [*Divertirse hasta morir: discurso público en la era «show business»*, Barcelona, Tempestad, 1991].

Putnam, Robert (1995), «Bowling alone: America's declining social capital», en *Journal of Democracy*, enero.

Ranney, Austin (1990), «Broadcasting, narrowcasting and politics», en Anthony King (ed.), *The New American Political System*, Washington (D.C.), AEI Press, 2ª ed.

Rauch, Jonathan (1994), *Demosclerosis: The Silent Killer of American Government*, Nueva York, Random House.

Riotta, Gianni (1997), «Signore e signori malati di vuoto», en *Corriere della Sera*, 1 de febrero.

Salerno, Andrea (ed.) (1996),*Violenza TV: Il rapporto de Los Angeles*, Milán, Reset.

Sartori, Giovanni (1979), *La politica: logica e metodo in scienze sociali*, Milán, Sugarco.

— (1989), «Videopolitica», en *Rivista italiana di Scienza politica*, agosto.

— (1993), *Democrazia: cosa è*, Milán, Rizzoli.

— (1995), *Elementi di teoria politica*, Bolonia, Il

Mulino, 3ª ed. [*Elementos de teoría política*, Madrid, Alianza Editorial, 1996].

— (1996), *Ingegneria costituzionale comparata*, Bolonia, Il Mulino, 2ª ed.

Stoll, Clifford (1996), *Miracoli virtuali*, Milán, Garzanti.

Toffler, Alvin y Heidi (1988), *Lo choc del futuro*, Milán, Sperling & Kupfe. [*El shock del futuro*, Barcelona, Plaza & Janés, 1990].

— (1995) *Creating a New Civilization. The Politics of the Third Wave*, Atlanta, Turner Publishing.

Turkle, Sherry (1997), *La vita sullo schermo*, Milán, Apogeo.

Wiener, Norbert (1948), *Cybernetics of Control and Communication in the Animal and the Machine*, Nueva York, Wiley. [*Cibernética*, Barcelona, Cientifiques catalanes, 1986].

— (1966), *Introduzione alla cibernetica*, Turín, Boringhieri.

Zukin, Cliff (1981), «Mass communication and public opinion», en Dan D. Nimmo y Keith R. Sanders (ed.), *Handbook of Political Communication*, Beverly Hills, Sage, págs. 359-390.

Biografía

Giovanni Sartori, uno de los mayores protagonistas del debate político contemporáneo y reconocido internacionalmente como gran experto en los problemas actuales de los sistemas democráticos de Occidente, es profesor emérito de la Universidad de Florencia y de la Columbia University de Nueva York, donde ha enseñado los últimos veinte años. Entre sus obras destacan *Ingeniería constitucional comparada*, *¿Qué es la democracia?*, *Partidos y sistemas de partidos* y *Teoría de la democracia*.

Otros títulos publicados en Punto de Lectura

Homo videns se terminó de imprimir en enero de 2006, en Nuevo Milenio, S.A. de C.V., San Juan de Dios núm. 451, col. Prados Coapa 3ra. sección, C.P. 14357, Tlalpan, México, D.F.